# 比別人多想一步你就是贏家

楊暉 著

前言

## 多想的那一步，決定了你與別人的不同

第一章

## 有獨特的思路，才有出路

優秀的人思路總是異於常人。有什麼樣的思路，就會有什麼樣的出路。試著改變陳舊的觀念，別讓自己的潛能「酣睡」，不按常理出牌，才會有不一樣的人生。


●比別人多想一步／15
●另闢蹊徑，反其道而行之／17
●興趣是開發潛能的鑰匙／19
●勇於創新才能把握機會／21
●拋棄「銘印效應」現象／23
●驕傲讓人變得無知／25
●機會不是等來的／28
●幹一行，愛一行／31
●忠誠的員工更有前途／33
●外表不是最重要的／35

# 目錄

## 第二章 成功所不可缺少的情商

在現代競爭激烈的社會，判斷一個人優秀與否，不僅要看他的智商，更要看他的情商是否能幫助他獲取更好的人際關係。


● 情商是一門藝術／41
● 高情商是成功的基石／45
● 提高你的情商／47
● 走出自我攻擊的怪圈／50
● 多做肯定的自我暗示／52
● 掃除負面的情緒／55
● 看清別人隱藏的內心／58
● 學會角色的轉換／60
● 做一個好的傾聽者／63
● 微笑的神奇力量／66

## 第三章 自我意志的力量

意志力是上帝賦予我們的神奇力量。有堅強意志，就有競爭力，就有成功的保障。唯有不斷磨練自己意志，方能不斷前進，勇攀高峰。


● 人人都有的神奇力量／71
● 人的強大在於意志的強大／74
● 生命力決定於意志力／77
● 堅強的意志能改變生活／80
● 堅強的意志離不開明確的目標／83
● 意志堅強能克服一切困難／87
● 有堅強意志，才有競爭力／90
● 生命中沒有「不可能」／92
● 意志力是成功的嚮導／94
● 在逆境中用意志支撐自己／98

第四章

# 空杯心態

決定命運的不是環境，也不是遭遇，而是我們的心態。空杯心態尤為重要。當將心裡那些一直重視、在乎的，但沒價值的東西清空時，就能容納進新東西。


●改變自己從改變心態開始／103
●成也心態，敗也心態／105
●心寬，路就寬／108
●心態好，一切都好／111
●培養樂觀之心／114
●學會調整自己的心態／117
●工作是為了自己／120
●不為失去而惋惜／122
●活著，就有希望／124
●衝破心中的瓶頸／126


第五章

# 選擇改變

未來什麼樣的選擇決定未來什麼樣的結果，品味人生，最大的愉快莫過於做出選擇，最大的痛苦也莫過於做出選擇。所以，更應當學會選擇，懂得取捨。


●選擇決定未來／131
●人生是一種選擇／134
●生活的一切取決於自己／136
●成功的選擇在於自己／139
●在別人放棄時，再堅持一秒／141
●人生也有正面和背面／143
●選擇幸福，你就會幸福／147
●懂得取捨，才能把握命運／149
●放棄是明智的選擇／152
●心甘情願地選擇／155
●認命，不如拼命／158
●選擇機遇，就要承擔風險／161

# 目錄

## 第六章 心動，更要行動

行動是取得成功的必經過程！沉湎於幻想而不行動的人總是與機會失之交臂。只有善於行動，立即行動，不斷行動，問題才能迎刃而解。


●行動改變一切／167
●每天多做一點點／171
●行動是解決問題的唯一途徑／174
●沒有行動，一切是空談／178
●要實現夢想，行動是關鍵／181
●等待永遠不會成功／183
●堅持做自己想做的事／186
●將大目標分解成若干小目標／188
●任何事業，都要從底層開始／190


## 第七章 自信通向成功

自信是每個優秀者的共性。自信，是一種心中抱著堅定的希望和信念走向光榮之路的感情，是與失敗抗爭的一種必備的心理素質。只要有信心，就沒有越不過的河，就沒有翻不過的山！


●成功青睞自信的人／195
●信心是命運的主宰／197
●不要輕易否定自己／200
●你就是自己的貴人／204
●信念指引你走向成功／207
●學會把自己的優點放大／210
●每天給自己一個希望／212
●不言放棄就能創造奇蹟／214
●勇氣讓你走向不平凡／217

第八章

## 給心靈洗個澡

人的心靈如同我們的外表，也會積滿污垢，如自卑、怯懦、貪婪、嫉妒、虛榮、猜疑，等等，只有經常「清洗」，心靈才會變得澄淨。


●倒掉心裡的垃圾／223
●浮躁心理要不得／226
●自卑讓你一事無成／228
●猜疑讓你孤獨寂寞／231
●貪婪讓你迷失自我／234
●恐懼讓你寸步難行／237
●虛榮讓你遠離成功／239
●憎恨讓你備受煎熬／242
●欲望讓你丟失靈魂／244


第九章

## 習慣的影響無處不在

人的一生中，習慣無處不在，成功或失敗都源於你所養成的習慣。習慣有一種頑強而巨大的力量，它可以為你創造輝煌，也能夠摧毀你的人生。明白了這點，我們更應該擯棄壞習慣，培養好習慣。


●習慣是一柄雙刃劍／249
●培養對資訊的敏感／251
●謙虛是一種好習慣／253
●養成記筆記的習慣／254
●培養自律的習慣／256
●把學習當成終身習慣／259
●培養即刻行動的習慣／262
●壞習慣是成功的絆腳石／265
●不做習慣的奴隸／267

## 第十章　挫折讓你更堅強

面對挫折和逆境，你的態度，很大程度上決定了你的未來。如果一個人具備了正確的挫折觀，那麼挫折不僅不是壞事，而且還可以成為一種積極的心理動力，激勵著人們不斷去克服萬難，邁向成功！


●挫折會使你變得堅強／271
●生氣不如爭氣／273
●堅持一下，成功就在眼前／275
●將打擊轉化為動力／278
●眼睛不要總盯著痛處／281
●人生沒有絕境／283
●永遠比別人更努力／285

前言

# 多想的那一步，決定了你與別人的不同

西洋棋的黑白世界裡，多想一步，就可能影響全局。現實的人生裡，同樣如此。

有句古老的智慧之語：「豫則立，不豫則廢」，意思是凡事在著手前必須多去思考、多準備，才能成功；反之，則會失敗。只要比別人多想一步、多做一步，就比別人容易成功。

人生有些事情，是我們生來即無法改變的。比如身體的缺陷、清貧的家庭、平凡的父母等等，這些都是我們生命中的「繭」。但，有想過破繭而出的下一步嗎？在跨越了困難，化解了危機之後，未來是絢麗的蝶，還是困死的蛹？多想的那一步，決定了你與別人的不同。

小李和小周差不多同時受雇於一家超市，開始時大家都一樣，從最底層幹起。可不久小李受到總經理的青睞，一再被提升，從採購直到部門經理。小周卻像被人遺忘了一般，還在最底層工作。終於有一天小周忍無可忍，向總經理提出辭呈，並痛斥總經理用人不公。

總經理耐心地聽著，他瞭解這個小夥子，工作肯吃苦，但似乎缺少了點什麼，缺什麼呢？……總經理忽然有了個主意。

「小周，你馬上到菜市場去，看今天都賣些什麼？」

小周很快從菜市場回來說，「市場上只有一個農民拉了一車馬鈴薯在賣。」

「一車大約有多少袋、多少斤？」總經理問。

小周又跑回去，回來說有十袋。

「價格是多少？」

小周回答不出，只得再次跑向菜市場。

總經理望著跑得氣喘吁吁的小周說：「歇一會兒吧，你看看小李是怎麼做的。」說完，叫來小李並對他說：「小李，你馬上到菜市場去，看今天都賣些什麼？」

小李很快從菜市場回來了，彙報說：

「到現在為止只有一個農民在賣馬鈴薯，有十袋，價格適中，品質很好。」他帶回幾個讓總經理看。這個農民過一會兒還將弄幾筐番茄上市，據他看價格還算公道，可以進些貨。這種價格的番茄總經理可能會要，所以，他不僅帶回了幾個馬鈴薯做樣品，還把那個農民也帶來了，現在正在外面等消息呢。

總經理看了一眼紅了臉的小周，說：「請他進來。」

人生的機會往往要靠自己創造，如果我們凡事都無法想得比別人更遠一些，那當然只能永遠落於人後，無法得到別人的青睞與機會。靠自己多想一步，才能邁向成功之路！是的，沒有誰的人生是不可改變的，你想成為什麼樣的人，都要靠你自己去努力、去拚搏！

第一章

# 有獨特的思路，才有出路

優秀的人思路總是異於常人。
有什麼樣的思路，就會有什麼樣的出路。
試著改變陳舊的觀念，別讓自己的潛能「酣睡」，
不按常理出牌，才會有不一樣的人生。

# 比別人多想一步

成功者總是走在別人前面。有時，你比別人多想一點，比別人多做一些，就能看到別人沒有看到的機會，成就別人夢想不到的事業。

有一個缺水的邊遠小鎮，居民要到五里外的地方去挑水喝。在這裡，喝水是人們生活中的一大難事，缺乏勞動力的人家就更困難了。困難就是商機。腦瓜靈活的張三看到其中的生意。他挑起水桶，以挑水、賣水為業，每擔水賣得兩角錢。雖然辛苦點，還算是一條不錯的賺錢路子。

李四看了，覺得不能讓他一家獨佔市場，也走上挑水、賣水之路，並且將兩個兒子也動員進來，很快佔據了市場的大頭。

張三想，你家勞動力強，不如我的腦袋瓜好。他略加思索，就想到了換一種方式賺錢。他買來了二十副水桶，請了二十個閒散勞動力，由他們挑水，自己坐鎮賣水，每擔水抽成五分錢。這樣，既省了力氣，又多賺了錢。

可時間一長，這些閒散勞動力熟悉了門道，不再願意被抽成，紛紛自立門戶去了。於是，張三一下子成了光杆司令，且競爭更激烈了。

但是，懂得動腦的人是難不住的。張三請人做了兩個大水櫃車，並租來兩頭牛，用牛拉車運水，每次四十擔，效率提高了，成本卻降低了，因此賺頭更大了。這讓其他人看得直眼紅。人們很快看到「規模經營」的優勢，於是紛紛聯合起來，或用牛拉車，或用馬拉車，參與到競爭中。

然而，正當競爭日益激烈時，人們突然發現，自己的水竟然賣不出去了——原來，張三買來水管，安裝了管道，讓水從水源直接流到村子裡，自己只要坐在家裡賣水就行了，且價格大幅度下降，一下子壟斷了全部市場。

張三多想的只是一步，得到的卻是百分百的機會。比別人多想一步，有時成功就這麼簡單。

## 另闢蹊徑，反其道而行之

當問題用常規方法得不到解決時，就應該轉換角度去思考，用逆向思考、缺點逆用等思維方式來重新思考，這樣往往能獲得意想不到的效果。

美國加州某個小鎮有一個農夫叫拉德，在未瞭解清楚的前提下，買了一塊令他失望的農場。因為那塊地壞得使他既不能種水果，也不能養豬，能在那片地上生長的只有白楊樹和響尾蛇。

他本打算將那塊地以低價出售，這樣做的結果是他將承受巨大的經濟損失。他不甘心就這樣白白地損失一大筆錢，他想：我應該坐下來好好想一想，說不定能想到一個好的解決方法。

後來，他經過冷靜思考，終於想到了一個好主意：我要把這裡所有的東西都變成一種資產，我要利用那些響尾蛇。

拉德的計畫使每一個人都很吃驚——因為他開始做響尾蛇罐頭。

現在，拉德的生意做得非常大，每年去他的響尾蛇農場參觀的遊客差不多就有三萬人；從響尾蛇身上取出來的蛇毒，運送到各大藥廠去做蛇毒的血清；響尾蛇皮以很高的價錢賣出去，做女人的皮鞋和皮包。

拉德就是利用缺點逆用的思考方式，尋找到了突破困境的方法，尋求到一條新的通往成功的道路。所以，當我們遇到困境、用常規的方法不能解決時，不妨也轉換一下思維，利用逆向思維重新思考一下，也許就能發現新出路。

## 興趣是開發潛能的鑰匙

蘇聯最有名望的教育家蘇霍姆林斯基說過：「所有的智力活動都依賴於興趣」。心理學的研究表明：一個人做他感興趣的事，可以發揮智力潛能的百分之八十以上；而做不感興趣的事情，則只能發揮智力潛能的百分之二十左右。

著名的大提琴家卡薩爾斯迎來了他的九十大壽，一位前去慶賀他生日的人這樣描述他：「他是那麼衰老，加上嚴重的關節炎，不得不讓人幫助穿衣服。呼吸很費勁，看得出患有肺氣腫；走起路來微微顫顫，頭不時地往前顛；雙手有些腫脹，十根手指像鷹爪般地鉤曲著。從外表看來，他實在是老態龍鍾。

「就在吃早餐前，他貼近鋼琴，那是他擅長的幾種樂器之一。很吃力地，他才扶坐上鋼琴凳，顫抖地把那鉤曲腫脹的手指抬到琴鍵上。

「霎時，神奇的事發生了。卡薩爾斯突然像完全變了個人似的，透出飛揚的神采，而身體也跟著開始能動並彈奏起來，彷彿是一位健康的、強壯的、柔軟的鋼琴家。卡曾斯描述說：『他的手指緩緩地舒展移向琴鍵，好像迎向陽光的樹枝嫩芽，他的背脊直挺挺的，呼吸也似乎順暢起來。』彈奏鋼琴的念頭，完完全全地改變了卡薩爾斯心理和生理狀態。當他彈奏巴哈的名曲時，是那麼純熟靈巧，絲絲入扣；隨之他奏起布拉姆斯的協奏曲，手指在琴鍵上像遊魚輕快地滑著。『他整個身子像被音樂融解，』卡曾斯寫道：『不再僵直和佝僂，代之的是柔軟和優雅，不再為關節炎所苦。』

「在他演奏完畢，離座而起時，跟他當初就座彈奏時全然不同。他站得更挺，走起路來也不再拖著地。他俐落地走向餐桌，大口地吃著，然後走出家門，漫步在海灘的清風中。」

是什麼使卡薩爾斯這樣一個病弱老人，表現出令人吃驚的力量？答案是：對音樂執著的熱愛。卡薩爾斯之所以能成為二十世紀最傑出的大提琴家之一，正是來自於他對音樂的迷戀，對自己事業頑強的信念。

這個世上，從沒有哪個人討厭自己所從事的工作卻能獲得很大的成功。畢卡索說：「我工作時，覺得舒服自在；無所事事或談天說地，令我睏倦。」或許我們無法做到像畢卡索那樣，但是我們仍可以培養對工作的興趣，找出能令我們興奮的事來，進而把工作做到最好。

## 勇於創新才能把握機會

有很多影響人類生活的發明，例如圓珠筆、微波爐等，都不是專業人士的傑作，而是普通人的神來之筆。這些發明使得人類的生活發生了極大的改變，更使發明者成為人人羨慕的創業家。這些人與一般人的不同之處，就在於他們能從創新的角度去思考問題。

美國製糖公司海運方糖到南美，因途中受潮，損失很大。公司聘請專家研究解決辦法，雖然耗資不小，但始終沒有收穫。

這時，公司一名員工經過認真考察，發現輪船有通風設備，只是方糖包裹得緊緊的，密不透風。他試探性地在一些包裝盒上打了幾個針孔，讓兩頭通氣。這些方糖就不再潮濕了。這名員工將他的建議提交給老闆，因此獲得一百萬美元的獎勵。

一位日本人在報紙上讀了這一報導後，也對針孔產生了極大的興趣。他在打火機的火芯蓋上打了小孔，使原本灌一次油只能用十天的打火機延長到五十天。很快，他申請了專利，並投資生產改進後的打火機。

後來，這位日本人又在女用鈕扣上鑽上一個小洞，在其中注入香水，因為液體易進不易出，從而香氣只能微微散發，絲絲飄飛，長期芳香誘人。這種新鈕扣一經投產，便深得女性喜愛，因此訂單很快就如雪片般飛來。

美國製糖公司的員工以針孔解決方糖潮濕問題，應用的是本體視角。該創意十分簡單，依據的僅是初級物理知識，但實用性強，獲巨額獎勵是當然的。日本人用的卻是異體視角，因此更顯他思維的高明之處。

首先，日本人善於借他山之石以攻玉。儘管方糖與打火機、鈕扣風馬牛不相及，但通風透氣是它們的共同點。雖然許多人讀了報紙上的報導都羨慕那份巨額獎金，卻對針孔原理無動於衷，不以為然。而這位日本人卻通過將針孔原理與自己所關注的打火機、小鈕扣緊緊地聯繫起來，使自己進入創意的天地。

由此可見，創新並不是遙不可及的事，每個人都有創新的能力。遺憾的是，很多人都有惰性，沒有創新精神，甚至壓根兒沒有去想創新的事，他們只會按部就班，按照前人的一套模式去做，結果一輩子平平庸庸，無法進入成功者的行列。

## 拋棄「銘印效應」現象

一九一〇年，德國習性學家海因羅特在實驗過程中發現一個十分有趣的現象：剛剛破殼而出的小鵝，會本能地跟在牠第一眼看到的、自己的母親後邊。但是，如果牠第一眼看到的不是自己的母親，而是其他活動物體，牠也會自動地跟隨其後。尤為重要的是，一旦這隻小鵝形成對某個物體的追隨反應，牠就不可能再對其他物體形成追隨反應。這種現象，後來被另一位德國習性學家洛倫茲稱為「銘印效應」。

「銘印效應」不僅存在於低等動物裡，而且存在於人類之中。很多時候，人也和剛剛破殼的小鵝一樣，對最初接受的資訊和最初接觸的人都留有深刻的印象——第一印象。而且在以後的過程中，人往往以第一印象先入為主地去判斷事物和人，這就可能會遭受損失和失敗。

一代魔術大師胡汀尼有一手絕活，他能在極短的時間內打開複雜的鎖，從未失手。胡汀尼曾為自己定下一個富有挑戰性的目標：要在六十分鐘之內，從任何鎖中掙脫出來，條件是讓他穿著特製的衣服進去，並且不能有人在旁邊觀看。

有個英國小鎮的居民決定向胡汀尼挑戰。他們特別打製了堅固的鐵牢，配上把看上去非常複雜的鎖，請胡汀尼來，看看胡汀尼能否從這裡出去。

胡汀尼接受了這個挑戰。他穿上特製的衣服，走進鐵牢，牢門哐噹一聲關上了。大家遵守規則轉過身去不看他工作。胡汀尼從衣服中取出自己特製的工具，開始工作。

三十分鐘過去了，胡汀尼用耳朵緊貼著鎖，專注地工作著；四十五分鐘，一個小時過去了，胡汀尼頭上開始冒汗。最後兩個小時過去了，胡汀尼始終聽不到期待中的鎖簧彈開的聲音。他精疲力竭地將身體靠在門上坐下來，結果牢門卻順勢而開。原來，牢門根本沒有上鎖，那把看似很厲害的鎖只是個樣子。小鎮居民成功地捉弄了這位逃生專家，門沒有上鎖，自然也就無法開鎖，但胡汀尼心中的門卻上了鎖。

胡汀尼的失敗在於先入為主的習慣告訴他：只要是鎖，就一定是鎖上的。因此，在實際生活中，我們一定要拋棄「銘印效應」現象，不要讓第一個想法佔據你的腦子而不能自拔。要知道：錯覺首先來到，真相就難容身，在這種情況下，我們再想做成功一件事情就很難了。

## 驕傲讓人變得無知

人總是不缺乏驕傲的理由，一件新衣服，一個新髮型，都能引起驕傲之情。驕傲和虛榮常常是一對孿生兄弟，虛榮的結果常常是驕傲，但驕傲並不以虛榮為理由，即使人類已經放棄了虛榮心的時候，仍然是那樣的驕傲。

驕傲對所有的人都是公平的，它讓所有人都分享到它的「恩澤」，只是每個人用不同的方式和手段來表現它罷了。我們常常批評別人太過驕傲，但是卻看不到自己有同樣的品性：如果你自己沒有驕傲之心，就不會覺得別人的驕傲是種冒犯。驕傲有很多的害處，但最危險的結果就是讓人變得盲目，變得無知。驕傲會培育並滋長盲目，讓你看不到眼前一直向前延伸的道路；讓你覺得自己已經到達山峰的頂點，再也沒有爬升的餘地，而實際上你可能仍在山腳徘徊。

曾經有一個學者，精通各種知識，自認為無人可以和自己相比，很是驕傲。他聽說有個禪師才學淵博，非常厲害，很多人都在他面前稱讚那個禪師，學者很不服氣，打算找禪師一比高下。

學者來到禪師所在的寺院，對禪師說：「我是來求教的。」

禪師打量了學者片刻，將他請進自己的禪堂，然後親自為學者倒茶。

學者眼看著茶杯已經滿了，但禪師還在不停地倒水，水溢了出來，流得到處都是。

「禪師，茶杯已經滿了。」

「是啊，是滿了。」禪師放下茶壺說，「就是因為它滿了，所以才什麼都倒不進去。你的心就是這樣，它已經被驕傲自滿占滿了，你向我求教怎麼能聽得進去呢？」

學者聞後，倍感慚愧。

事情傳出，頓時成為一段佳話。

可見，做人一定不能夠驕傲，否則，會像下面故事中的風箏一樣。

春天來了，青草綠了，野花開了，蜜蜂嗡嗡唱著歡快的歌，蝴蝶在花叢中翩翩起舞。高空上，一隻風箏俯視大地，廣闊的田野變成了一塊綠手帕，洶湧的大河成了鑲嵌在綠手帕邊上的絲帶。

高山像一個個小土堆，巨大的樹木像一根根直愣愣的小草，矮小的房屋像放在綠手帕上的積木。

風箏心想：有誰能夠在這麼高的地方，低頭看過人間？這時候，風箏看見了一隻小蜻蜓，便對蜻蜓說：「你這個小東西，看看你自己，再看看我，我是多麼美，又是多麼大。而你是那麼醜，那麼小，還飛得那麼低，可真差勁。」還沒等蜻蜓開口，風箏就已經飛往高處了。

風箏又遇上了燕子，就對燕子說：「喲，燕子小姐，今天怎麼了？生病了？怎麼飛得這麼低啊？還不如我呢！」燕子聽了並不生氣，謙虛地說：「飛這麼低有什麼不好，飛高了，如果待會兒下雨了可躲不了！」

「胡說八道，今天天氣這麼好，怎麼會下雨呢？」說完，風箏就不理不睬地飛走了。風箏又碰上了一群小鳥。小鳥自由地在空中邊唱歌，邊飛翔。風箏見了，心裡不服，就過去對小鳥說：「快看我飛得多穩健啊！你算哪根蔥，飛得那麼低，還有臉唱歌，羞不羞啊？」

小鳥說：「我是飛得不夠穩健，因為我學習飛翔的時間還不夠長。」半個小時後，天突然黑了，蜻蜓、燕子和小鳥都回家了，只有風箏還在那裡，過了一會兒，一陣傾盆大雨落了下來，把風箏淋成了落湯雞。雨過天晴，太陽出來了，蜻蜓、燕子和小鳥再次飛上了天空，而那只驕傲的風箏卻在一堆草叢中凍得瑟瑟發抖。

## 機會不是等來的

你是否在等待機會？等待邂逅的機會，等待漲工資的機會，等待創業的機會，等待孝順父母的機會，等待說「我愛你」的機會，等待……機會真的是等來的嗎？答案是否定的。因為在這個世界上，機會從來都是自己創造的。

翻看古今中外的名人傳記，你會發現，那些名人從來都是以創造機會來實現自己夢想的。阿曼德・哈默就是一個善於創造機會的人。

哈默於一八九八年生於美國紐約市，他是三兄弟中最不聽話但又最富於創造精神的一個。

十六歲的那年，他看中了一輛正在拍賣的雙座敞篷舊車，但標價是一百八十五美元，這個數字對哈默來說是驚人的。儘管如此，他仍然緊抓住機會不放，向在藥店售貨的哥哥哈里借款，買下了這輛車，並用它為一家商店運送糖果。僅用了兩周的時間，哈默就如數還清了哥哥的錢。

通過這次事件，哈默明白了機會的重要，只有行動，才能抓住機會。在哈默今後的人生中，他一直牢牢記住這一點，並不斷地付諸行動。他從不坐等機會的到來，而是不斷地創造新的機會。

哈默自從一九五六年接管了因經營不善已處於風雨飄搖中的加利福尼亞西方石油公司之後，開始熱衷於石油開發事業。石油業的風險相當大，到哪裡去才能找到石油和天然氣呢？哈默的訣竅不同於常人，甚至有些怪僻，他專門在別人認為找不到油的地方去找油。

當時，有一家叫德士古的石油公司，曾在三藩市以東的河谷裡尋找過天然氣，鑽頭一直鑽到五千六百米，仍然見不到天然氣的蹤影。德士古公司的決策者認為耗資太多，如果再深鑽下去很可能是徒勞無功，便匆匆鳴金收兵，並宣判了此處的「死刑」。

哈默得知這一消息後，便立即讓有關專家進行實地考察，經過大量的資料分析，哈默以百分之三十的風險係數，百分之七十的成功機率，帶著妻子和公司的董事們來到這裡，在枯井上又架起了鑽機。繼續深探，結果在原有的基礎上，又鑽進三千米，果然天然氣噴薄而出。

後來，哈默又多次運用創造機會這一原理。他聽說舉世聞名的埃索石油公司和殼牌石油公司在非洲的利比亞由於探油未成功而扔下不少廢井，便帶領大隊人馬開往非洲，以「願意從利潤中抽出百分之五供利比亞發展農業和在國王的家鄉尋找水源」的投資條件，租借了兩塊別人拋棄的土地，很快又打出了九口自噴油井。

到二十世紀八〇年代，西方石油公司在哈默的領導下，經過二十幾年的努力，成為一個業務遍及世界各大洲的多種經營的跨國公司，哈默本人也由此被人們稱為「經營奇才」。

每一個渴望成功的人都應該像哈默一樣：去創造機會，而不是等待機會。

## 幹一行，愛一行

三個工人在砌一面牆。

有一個無聊的人過來問：「你們在幹什麼？」

第一個工人愛理不理地說：「沒看見嗎？我在砌牆。」

第二個工人抬頭看了一眼無聊的人，說：「我們在蓋一幢樓房。」

第三個工人真誠而又自信地說：「我們在建一座美麗的城市。」

十年後，第一個人在另一個工地上砌牆；第二個人坐在辦公室中畫圖紙，他成了工程師；第三個人呢，成了一家房地產公司的總裁，是前兩個人的老闆。

這個故事反映了什麼？反映了工作態度。一個人的工作態度折射著人生態度，而人生態度決定一個人一生的成就。你的工作，就是你生命的投影。它的美與醜、可愛與可憎，全操縱於你的手裡。一個天性樂觀，對工作充滿熱忱的人，無論他眼下是在洗馬桶、挖土方，或者是在經營著一家大公司，都會認為自己的工作是一項神聖使命，並懷著深切的興趣。對工作充滿熱忱的人，不論遇到多少艱難險阻，都會毅然堅持自己的目標，勇往直前。假使你對工作是被動的而非主動的，像奴隸在主人的皮鞭督促之下一樣；假使你對工作感覺到厭惡；假使你對工作沒有熱誠和喜愛之心，不能使工作成為一種愛好，而只覺得其為一種苦役；那你在這個世界上，是不會有很大作為的。

自尊、自信是成就大事業的必要條件，對工作敷衍了事的人是不會具有這種自信、自尊的。一個人假使不能在工作上盡其至善之努力，則他絕不可能得到最高的「自我贊許」。而在一個人將他的工作視為苦役與痛苦時，他是絕不可能在工作上竭盡所能的。

有許多人不知道尊重自己的工作。他們把工作視作取得麵包、乳酪、衣服、房子的一種討厭的「需要」，一種無可避免的苦役。他們不把工作當作一個鍛煉能力的機會，一個訓練品格的大學校。他們不懂得，工作能激發人內在的優良品格，能讓人在奮鬥、努力中去發揮出所有的才能，去克服一切成功之障礙。工作對於他們只是一種苦役。他們不懂得毅力、堅忍力，以及其他種種高貴的品格都是從努力工作中得來的。一個人抱怨、鄙視自己的工作的話，他絕不能得到真正的成功，等待他的最終結果恐怕只能是一個，那就是「今天工作不努力，明天努力找工作」！

## 忠誠的員工更有前途

每個老闆考察員工的標準是不同的，有的注重能力，有的注重勤奮，有的注重正直，有的注重負責……但有一點是肯定的，所有的老闆都願意信任那些忠誠的員工。

小狗湯姆到處找工作，忙碌了好多天，卻毫無所獲。牠垂頭喪氣地向媽媽訴苦說：「我真是個一無是處的廢物，沒有一家公司肯要我。」

媽媽奇怪地問：「那麼，蜜蜂、蜘蛛、百靈鳥和貓呢？」

湯姆說：「蜜蜂當了空姐，蜘蛛在搞網路，百靈鳥是音樂學院畢業的，所以當了歌星，貓是警官學校畢業的，所以當了警長。和牠們不一樣，我沒有接受高等教育的經歷。」

媽媽繼續問道：「還有馬、綿羊、母牛和母雞呢？」

湯姆說：「馬能拉車，綿羊的毛是紡織服裝的原材料，母牛可以產奶，母雞會下蛋。和牠們不一樣，我什麼能力也沒有。」

媽媽想了想，說：「你的確不是一匹拉著戰車飛奔的馬，也不是一隻會下蛋的雞，可你不是廢物，你是一隻忠誠的狗。雖然你沒有受過高等教育，本領也不大，可是，一顆誠摯的心就足以彌補你所有的缺陷。記住我的話，兒子，無論經歷多少磨難，都要珍惜你那顆金子般的心，讓它發出光來。」

湯姆聽了媽媽的話，使勁地點點頭。在歷盡艱辛之後，湯姆不僅找到了工作，而且憑著自己對工作、與企業的忠誠當上了行政部經理。

鸚鵡不服氣，去找老闆理論，說：「湯姆既不是名牌大學的畢業生，也不懂外語，憑什麼給牠那麼高的職位呢？」

老闆冷靜地回答說：「很簡單，因為牠忠誠。」

「想進入公司，請拿出你的忠誠來」，這是每一個意欲進入索尼公司的應聘者常聽到的一句話。

索尼公司認為：一個不忠於公司的人，再有能力，也不能錄用，因為他可能為公司帶來比能力平庸者更大的破壞。

朗訊CEO盧梭說：「我相信忠誠的價值，對企業的忠誠是對家庭忠誠的延續，我從柯達重回朗訊，承擔拯救朗訊的重任，這是我對企業的一份忠誠。我一直把喚起員工對企業的忠誠作為自己努力的目標。」

## 外表不是最重要的

一個人的外表重要嗎？回答是重要，但不是最重要的。原因很簡單，「人不可貌相」。這裡的貌相，並不是單指長相，而是指一個人的外在形象。

生活中，有的人非常注重自己的外表，總是把自己打扮得光鮮亮麗的。他們認為外表決定著內涵，換言之，一個人穿的得體，穿得好，才能說明這個人有內涵。

而有的人卻不刻意修飾自己。他們認為內涵決定著外表，換言之，一個有內涵的人，是不會去刻意修飾外表的，只要乾淨、整潔就行了。因為他們相信外表的美醜不是最重要的，內心的充實才是最美的。

有一位公爵夫人準備參加一個私人舞會，那天，天還未亮，公爵夫人便早早起床，吩咐女僕點上蠟燭，開始為自己梳妝打扮。

由於公爵夫人頭髮灰白，因此，她得戴上假髮。但公爵夫人不願別人看出這個破綻，為此她要求女僕為自己戴假髮時，要把四周掩飾得天衣無縫。女僕不敢違抗公爵夫人的命令，細心地為她戴上髮套。但公爵夫人怎麼也不滿意，女僕只好反覆地戴上，取下，再戴上，再取下，就這樣來回折騰了一個小時，才算把假髮戴好。

接下來，公爵夫人便讓女僕開始為自己的臉上抹粉，因為公爵夫人臉上有無數個大小不等的「坑」，女僕只好先一點一點把每一個「坑」填平，然後再為整張臉抹粉。粉是抹好了，可又是一個小時過去了。

這時，天已經亮了。公爵夫人的眉毛稀疏，按照公爵夫人的要求，女僕拿著眉筆，左描右畫，但公爵夫人一會兒責怪她畫得太粗，一會兒責怪她畫得太細，一會兒叫嚷著左邊畫高了，一會兒又叫嚷著右邊畫低了，就這樣又反覆折騰了一個小時，公爵夫人才滿意地放下鏡子。

此時，馬夫早已在屋外備好了馬車，並告訴公爵夫人，應該上路了，因為到舞會的地點還有很長一段路程。但公爵夫人毫不理會，而是站在寬大的穿衣鏡前，開始試穿禮服。這時，公爵夫人感到饑餓難忍，原來為了能讓自己高高隆起的腹部能下降一點「高度」，她已三天未進食了。

「夫人，您還是用完早餐再走吧，我看您的身體都已在顫抖了。」女僕小心地提醒道。

「少廢話！趕快把水晶項鍊給我拿來！」公爵夫人打斷女僕的話，厲聲說道。然後，公爵夫人選襪子，搭配鞋子……當公爵夫人對鏡子中的自己十分滿意時，她才上了停在屋外的馬車。遺憾的是，當公爵夫人趕到舞會現場時，舞會已經接近尾聲。

當大家看到公爵夫人出現時，都驚奇地讚歎道：「上帝啊！你的氣質真好！」「你的頭髮真漂亮！」「你真是魅力四射！」聽到一陣陣的讚美聲音，公爵夫人得意地說：「我當然知道自己最具魅力了，因為為了這場舞會，光化妝就花了我近八個小時！」

「哦，你身上有那麼多需要掩飾的地方嗎？」從角落裡傳來一個男人低沉的聲音。「哈……」滿屋子的人聽後都大笑起來。在一片笑聲中，公爵夫人突然昏倒在了地上。眾人忙停住笑，驚恐地上前圍住公爵夫人。「沒事的，請給公爵夫人灌一碗參湯吧，她已餓得發昏了。為了保持身材的苗條，她已三天未吃東西了。」公爵夫人的女僕上前小聲地對眾人說。笑聲再一次充滿了整個屋子。

看了這個故事，你是否正在笑公爵夫人愚蠢，但想想自己是否也曾犯過類似的毛病：每天對著鏡子耗費大量時間打扮自己。其實，真正的美是由內而外散發出來的一種氣質，是心靈的充實，它給人以自信，使人充滿魅力、光彩照人。因此，與其裝扮外表，不如充實心靈。因為外表的美只是一時的，而心靈的充實則能影響你一輩子。

第二章

# 成功所不可缺少的情商

人們常常過於重視智商，而忽視了情商。
在現代競爭異常激烈的社會裡，
情商的高低已經成了事業和生活成敗的最重要因素之一。
判斷一個人優秀與否，不僅僅看他的智商有多高，
更要看他的情商是否能幫助他獲取更好的人際關係。

## 情商是一門藝術

情商的核心內容可以用以下四句話描述：知道自己的情緒，知道別人的情緒，控制自己的情緒，尊重別人的情緒。

情商是一門人生藝術，一門可以調控自己和他人情緒的藝術。如果你今天的情緒很好，你會發現你的好情緒能影響別人，比如你的朋友、家人、同事等都可能受到你感染而變得心情愉快。而如果你的心裡很煩悶，你會發現煩悶的心情會導致你做事很不順利。你的這種壞情緒也會傳染給身邊的人。所以，高情商的人，總是能夠很好地控制自己的情緒，不讓壞情緒影響了自己，也影響了別人。

然而，生活中很多人不懂得控制自己的情緒，更不會調控他人的情緒，以致影響了工作，影響了生活，直至影響了人生。特別是在一個家庭裡的夫妻之間，只要有一方不會調控自己的情緒，那麼他的壞情緒就會影響到整個家庭，甚至使夫妻間的感情破裂。拿破崙三世和尤琴的婚姻便是一個極好的例證。

當拿破崙三世，也就是拿破崙的侄子，愛上了全世界最美麗的女人特巴女伯爵瑪利亞•尤琴，並且準備和她結婚時，他的顧問卻提出了不同意見，他的顧問指出尤琴的父親只是西班牙一位地位並不顯赫的伯爵，有些「門不當戶不對」。

但拿破崙三世反駁說：「那又怎樣？她高雅、嫵媚、年輕、貌美，她能讓我的內心充滿了幸福快樂。」在一篇皇家佈告中，拿破崙三世激烈地表示他要不顧全國的反對意見：「我已經選上了一位我所敬愛的女人，」他宣稱說，「我從來沒有遇見過像她這樣的女人！」

愛情之火燒得拿破崙三世不顧一切地與他心中的女神結了婚。然而，這愛情之火很快就變得搖曳不定。拿破崙三世可以使尤琴成為皇后，但他卻無法使這位法蘭西皇后停止挑剔和嘮叨，雖然她已經擁有了財富、權力、名聲、愛情、尊敬等等。

婚後不久，尤琴就暴露了本性，她不斷地抱怨、嫉妒、疑心，最後竟然藐視丈夫的命令，甚至不給他一點私人的時間——當拿破崙三世處理國家大事的時候，她竟然衝入他的辦公室。她甚至認為，讓丈夫單獨一個人，他會跟其他的女人親熱。

尤琴還常常跑到她姐姐那裡，數落她丈夫的不好。有時尤琴還不顧一切地衝進丈夫的書房，不停地大聲辱罵他。導致拿破崙三世雖然身為法國皇帝，擁有十幾處華麗的皇宮，卻找不到一處不受干擾的地方。

一位哲人說：「當你的情緒失控後，事態也隨之而失控。」

我們看看尤琴情緒失控後，事態是怎樣發展的：

拿破崙三世常常在夜間，從一處小側門溜出去，頭上的軟帽蓋著眼睛，在他的一位親信陪同下，真的去找一位等待著他的美麗女人，再不然就是出去看看巴黎這個古城，呼吸自由的空氣。

這就是情緒失控的結果。尤琴將事態推到了自己最不想看到的那一面。正如她歇斯底裡地哭叫著說的那樣：「我所最怕的事情，終於降臨在我身上。」

一位心理學家說：「在地獄中，魔鬼為了破壞愛情而發明的一定會成功而惡毒的辦法中，最厲害的就是抱怨了。它永遠不會失敗，就像眼鏡蛇咬人一樣，總是具有破壞性，總是置人於死地。」

事實的確如此。現在很多婚姻專家都認為，現代家庭解體的原因之一就是因為一方不能控制自己的情緒，同時不懂得照顧對方的情緒，總是嘮叨、抱怨個不停。久而久之，婚姻的天堂就變成了墳墓，離婚也就成了自然的事。

夫妻相處是一門藝術。其實這門藝術就是情商的具體反映。兩個人在一起生活，難免會因性格、習慣、愛好等發生衝突，這就需要磨合，需要雙方都學會控制自己的情緒，同時尊重對方的情緒。人們常說的「七年之癢」，其實就是看感情的疲倦期雙方的情商提高得怎樣，雙方的感情磨合得怎樣了。情商提高了，感情磨合得肯定好，生活得幸福；反之，如果沒有控制好自己的情緒，那「七年之癢」就真的成為婚姻的一道坎了。

## 高情商是成功的基石

只要仔細觀察，我們就不難發現，成功者往往是那些能調動自己情緒的高情商者。比如，一些在學校時成績平平，被認為智商一般的學生，畢業後卻如魚得水，事業風生水起。為什麼？因為他們能快速適應周圍環境，抓住機遇。更重要的是，他們善於把握和調整自己的情緒，善於處理自己周圍的人際關係，讓自己左右逢源，因此他們成功了。下面的故事，說明的就是這個道理。

某一家油漆廠因經濟效益不好決定裁員。首批裁員名單裡有兩位女性，一位是大學畢業生、工廠的工程師，另一位則是普通女工。就智商而論，工程師的智商應該高於普通工人，但後來工程師的命運卻不如普通女工。

工程師被裁員！這成了全廠的熱門話題。工程師本就無法接受這件事，還要承受別人的議論，她開始變得脾氣暴躁，容易憤怒。甚至在主管面前罵過、吵過，但都無濟於事，裁員的數目還在不斷增加。儘管如此，她的心裡卻仍不平衡，心態漸漸地由憤怒轉化成了抱怨，又由抱怨轉化成了憂鬱。她整天悶悶不樂地待在家裡，不願出門見人，更沒想到要重新開始自己的人生。孤獨和憂鬱控制了她的身心。她本來就血壓高，身體弱，而心情長時間不好又加重了病情，沒過多久，就孤寂地離開了人世。

普通女工對待失業的態度與工程師大相徑庭。她平心靜氣地接受了現實，很快就從裁員的陰影裡解脫了出來。她想別人既然沒有工作能生活下去，自己也能生活下去。她甚至在心裡暗暗較勁——跟自己較勁：一定要比以前活得更好！

她決定發揮自己的長處烹飪。於是她向親戚朋友借了錢，開了一家小火鍋店。由於服務態度好，配置的湯料味道鮮美，她的火鍋店生意十分紅火，僅用了一年多的時間，她就還清了借款。幾年下來，她的火鍋店成為當地小有名氣的餐館，她自己也過著比以往更好的生活。

情商不同，出路不同。一個是智商高的工程師，一個是智商一般的普通女工，她們都面臨失業，但為什麼一個孤獨地離開了人世，一個卻成功開創了自己的事業。原因就在於她們的情商不同。高情商的人不易陷入恐懼或傷感，他們通常有較健康的情緒，這幫助他們認清自己的生存狀態，更加積極地面對現實，最終踏上了成功之路。

## 提高你的情商

每個人都能做一個有獨立個性的情商高手，開創出一片異彩紛呈又與眾不同的境界。因為情商是可以靠後天努力提高的。要提高自己的情商，首先，應樹立樂觀的生活態度，遇事坦然，自信自強。

其次，應及時解除自己的心理枷鎖。如自卑、壓抑等。一旦發現自己被這些心理枷鎖套住時，應及時尋找解鎖的方法，如向自己信任的長輩、朋友傾訴，聽取他們的意見或建議等。

再次，應寬以待人。寬以待人意味著要有博愛的情懷，能包容他人的缺點和個性。最後，要嚴於律己，也就是提高自制力，凡事都能理性思考，不感情用事。我們看看洛克菲勒是怎樣自制的。

年輕時的洛克菲勒脾氣很是火爆，經常不能控制自己的情緒，因而得罪了許多人，以至於有很多人不願和他有生意上的往來。後來因為身體、生意、朋友勸告等多方面的原因，洛克菲勒幡然悔悟，從此他逐步學會懂得容忍、謙讓和善於控制自己的情緒，這使他受益匪淺。

洛克菲勒在某案件中受審時，因為在面對對方律師的詢問時持平和的態度和不動聲色的答覆，使他贏得了這場官司。

「洛克菲勒先生，我要你把某日我寫給你的那封信拿出來！」對方律師用一種很粗暴的態度說。這封信是質問關於美孚石油公司的許多事情，然而這些事對方律師在法庭上並無權質問。

「洛克菲勒先生，這封信你收到了嗎？」法官問。

「我想是的，法官。」

「你回那封信了嗎？」

「我想我沒有。」

然後對方律師又拿了許多別的信出來。

「洛克菲勒先生，你說這些信你都收到了嗎？」

「我想是的，法官。」

「你說你沒有回覆那些信嗎？」

「我想我沒有，法官。」

「你為何不回覆那些信呢？你認識我，不是嗎？」對方律師問。

「啊，當然！我從前是認識你的！」

洛克菲勒所答覆的這句話如此明顯，以致對方律師氣得差不多要發瘋了。那個提問的律師因為無法控制自己的情緒，因而很不冷靜。如果洛克菲勒也發怒，本來也是人之常情，但是他在法庭上很冷靜，很理智，最後打贏了官司。

不要因為別人發怒便怒不可遏。要知道那正是你應當平和的時候。一個不能控制自己情緒的人，常常不是被別人打敗，而是自己打敗了自己。而保持平和態度的人，則能因冷靜與和氣而立於不敗之地。

## 走出自我攻擊的怪圈

這裡所說的自我攻擊，並不是自殘，而是不能正確地認識自己，在心理上虐待自己，如有的人對發生很久的事不能忘懷，總在心裡自責、懊悔：「我為什麼要那樣對他（她）」「那天如果我早去一點就好了」「我不應該說那句話」……又如，你是否經常這樣問自己：「老闆對我的報告是不是不滿意？早會上他聽我的發言時皺眉頭了！」「為什麼同事對我的新裙子沒有評論呢？顏色是不是看上去太老氣了？」「上次業績考核我就排在後面，經理對我都沒信心了吧？」

總之，大腦總在你毫無察覺的情況下指揮你顧慮重重，強迫你把工作和生活中的所有事想得周全，做得精確，對於失敗的過去永不能釋懷，甚至懷疑別人也對你的差錯記憶猶新。這在心理學上被稱為「自我攻擊」或「自我質疑」。

心理學家紐曼教授對這種人格進行分析時說：「人內心的恐懼是導致自我質疑人格的最主要的心理因素。對未知事物的恐懼，對已失去事物的恐懼，對成長和變老的恐懼，對成功和失敗的恐懼等等，都會引起人對自身或身邊發生的各種變化產生懷疑，甚至希望能逆變化潮流而行，走回熟悉的老路，才能保證一切都在自己的掌控之中。自我質疑人格所反映出的行為就是企圖將自己置於有安全感的環境之中，殊不知自己已被這種反覆的質疑圍困住了。」

人一旦陷入自我攻擊的怪圈，就會給自己的心靈抹上灰暗的顏色。所以要想走出這個怪圈。心理學家的建議是：首先，你應該認清你的某些自我質疑行為下所隱藏的恐懼是什麼，看看你是否有必要恐懼。

其次，要清楚你最大的敵人就是自己。自我攻擊的人通常不容易意識到自己在苛刻地對待自己，正如一位心理學家所說：「生活中的改變把你嚇著了，為了能使自己感到安全，潛意識會驅使你盡力保持事物完美的原樣。潛意識阻礙了你力求發展、成長和前進的本意。」解決這種心理問題唯一的方法就是剖析出恐懼的根源及預測極端行為的後果，你可以從朋友那裡得到幫助，讓他們提醒你在什麼時候你為了面子而花錢超支，又在什麼時候你為了點小事而斤斤計較，考慮一下你這樣做的後果是什麼，這樣做值得嗎？

再次，通過以上努力，如果你還不能走出自我攻擊的怪圈，那麼就找個心理醫生看看吧！

## 多做肯定的自我暗示

某EMBA培訓機構，開設了一門很特別的課——照鏡子。每天早上八點上課時，所有學員都要對著鏡子照一分鐘，並在心裡默念：「我是最棒的！」「我能做到！」等自我肯定的口號。對此，該培訓機構負責人這樣解釋，「一個想成功的人，一定要學會自我暗示。因為這種渴望成功的意識，能大大改變一個人的精神面貌，增強信心。」

莎莉・拉斐爾在三十年的職業生涯中，被辭退了十八次。平均不到兩年就會被辭退一次，每次被辭退對她的打擊可想而知。但是，每次拉斐爾都在心裡暗暗告訴自己：「這點小挫折算什麼？我要放眼更高處，確立更遠大的目標！」

後來，拉斐爾想從事播音員的工作，但當時美國的幾家有名無線電台都認為女播音員不能吸引聽眾，因此沒有一家肯聘用她。拉斐爾並未氣餒，她利用失業的時間苦練西班牙語，並自費到多明尼加共和國採訪一次暴亂事件，然後把自己的報導出售給電台。

有一次，拉斐爾向國家廣播公司的一個部門主管推銷她的清談節目構想。那位主管雖然表示認可，但事後不久就離開了國家廣播公司。儘管如此，拉斐爾仍然沒有放棄自己的構想，她找到了該公司另外一個部門的主管，但事情仍然沒有結果。最後，她說服第三個部門的主管，此人雖然答應可以考慮讓她試一試，但提出要她在談話中多涉及政治。

雖然拉斐爾對政治所知不多，但是她沒有退縮。她在心裡暗暗給自己打氣：「不就是政治話題嗎？沒什麼大不了的，我多看看時事報導不就行了。」而且，拉斐爾的丈夫也鼓勵她說：「你一定能行！」

一段時間以後，拉斐爾開始主持清談節目。她在節目中，以平易近人的作風與觀眾拉近距離，大談諸如七月四日（美國國慶）對自己有什麼意義等類似話題，又請聽眾打電話來暢談他們的感受。節目一播出，就受到人們的歡迎，她也很快成名。

如今，拉斐爾已成為自辦電視節目的主持人，曾經兩度獲獎，在美國、加拿大和英國，每天有八百萬觀眾收看她的節目。

自我暗示是一種啟示、提醒和指令，它會告訴你注意什麼，追求什麼，致力於什麼和怎樣行動，因而它能支配影響你的行為。這是每個人都擁有的看不見的法寶。一個人經常自我暗示自己會成為什麼樣的人，他就會真的變成自己期望的那樣。凡事認為「我不行」「我註定會失敗」的人，他怎麼能成功呢？所以，生活和工作中，我們應該經常做肯定的自我暗示。

## 掃除負面的情緒

生活中，有不少人把不經意的小事裝在心裡，寢食不安，成為影響自己情緒的負面因素。負面情緒對人的身心都是不利的。首先，它會產生精神壓力，長時間的精神壓力會讓人變得暴躁、易怒，或者變得嚴重自卑、自憐。

其次，負面情緒對健康不利，它不但影響人的食欲，而且精神壓力也容易引起身體的病變，如血壓升高等。因此，我們必須掃除負面的情緒。

掃除負面的情緒，首先，**應放開心態**。生活中的小小失誤不妨由它去吧！例如一位老人，雖身患較嚴重的腰、腿關節痛，但他以快樂的態度對待疾病，整天笑呵呵的，從不為一點不適愁眉苦臉，如今依然神采奕奕、面如童顏。

其次，**學會自得其樂**。一切順其自然，不必強求，也無須躲避，這是一種積極的人生態度。社會上許多事是複雜多變的，但此一時彼一時，有些事眼前不好，不久成了好事也說不定。

第三，**學會操控情緒的「轉換器」**。每當負面的情緒要來臨時，告訴自己將「轉換器」調向積極的一面。

一位老太太，她有一隻祖傳五代的玉鐲子，每天擦了又擦，看了又看，真是愛不釋手。一天，她不小心把鐲子掉在地上摔碎了，老太太心痛萬分，從此茶飯不思，人變得越來越憔悴。時隔半年，她撒手而去。咽氣時，她手裡還緊緊攥著那只破碎的玉鐲子。

被稱為「世界劇壇女王」的拉莎・貝納爾，在一次橫渡大西洋途中，突遇風暴，不幸在甲板上滾落，足部受了重傷。當她被推進手術室，面臨鋸腿的厄運，突然念起自己所演過的一段台詞。

記者和在場的醫護人員都以為她是為了緩和自己的緊張情緒，可她說：「不是的！我是為了給醫生和護士們打氣。你瞧，他們太緊張嚴肅了。」

手術圓滿成功後，拉莎・貝納爾雖然不能再演戲了，但她還能演講。她的演講，使她的戲迷再次為她而著迷。

任何人遇上災難，情緒都會受到影響，這時一定要操縱好情緒的「轉換器」。面對無法改變的不幸或無能為力的事，就抬起頭來，對天大喊：「這沒有什麼了不起，它不可能打敗我。」或者聳聳肩，默默地告訴自己：「忘掉它吧，這一切都會過去！」緊接著就要往頭腦裡補充新的資訊，因為頭腦每時每刻都需要補充資訊，這種補充能使情緒「轉換器」發生積極作用。

最好的辦法是用繁忙的工作去補充，去轉換，也可以通過參加有興趣的活動等方式去補充，去轉換。

德國物理學家普朗克，在研究量子理論的時候，妻子去世，兩個女兒先後死於難產，兒子又不幸死於戰爭。普朗克不願在怨悔中度過，便加倍努力地工作來轉移自己內心巨大的悲痛。情緒的轉換不但使他減少了痛苦，還促使他發現了基本量子，獲得「諾貝爾物理學獎」。所以，控制好自己的情緒，才能解救自己。

## 看清別人隱藏的內心

在我們生活的這個世界上，無論哪個行業只要存在著人與人之間的交往，就離不開對人的心理體察。政治家往往是揣摩心理的高手，而商人為了得到顧客的歡心則更是絞盡腦汁。即使我們普通人，大到為了成就一番事業，小到為了良好的人際關係，也都要對人類心理的基本規律有一個基本的掌握。

因為瞭解他人，知道他人的所思、所想、所感，是一個人擁有高情商的表現。高情商者在社交中不盲目、不糊塗，他們能夠根據對方的心理活動採取相應的對策，因而能獲得良好的人際關係，取得較大的成功。

許多人之所以在社交中吃虧上當或者無所作為，很多時候是因為對人的心理的理解比較單一，他們看不到人在不同的環境下出現的不同心理表現，產生的不同心理感受。他們往往把複雜的、多樣化的心理活動簡單化、單一化，用同一種方式去應對不同的情況和不同的人，不懂得根據對方的心理變化來調整自己的語言和行動。由於他們不懂得順應對方的心理、爭取對方的好感，因此就不能夠獲得對方的支持。

人類的心理是一個非常精細微妙而又複雜多變的東西。說它精細微妙，是指它深藏於人的內心之中，潛伏於各種假像之下，變化細微而令人難以察覺。而且在許多時候，人的某種心理感受不僅外人難以把握得準，就連本人可能也不很明白。其變化的原因及作用機制很難被我們清楚地掌握。這並不是說我們就沒有辦法看清別人隱藏的內心。

一個人即使將自己的內心隱藏得再好，也會通過他的一些言行舉止透露出內心的想法。所以，要看清別人隱藏的內心，你只要注意傾聽對方的語言、觀察他的行動、留意他的眼神、聽你以前沒有聽見過的東西、看你以前沒有看見過的東西、感覺你以前沒有感覺到的東西，再提一些你以前沒有提過的問題，這樣你就能像讀一本書一樣，讀懂對方這個人。

## 學會角色的轉換

在生活中，我們不可避免地要扮演許多不同的角色。在扮演不同角色的時候，人們都有著與之相對應的情緒和心理表現。所以，與他人相處的時候，對別人的角色的轉換能夠清楚判斷，知道什麼時候該說什麼話，該做什麼事；什麼時候不該說什麼話，不該做什麼事。這是一個人高情商的表現。

比如，一個女性，在家是妻子，在公司是白領麗人，在商場是時尚女性。如果你想讓她喜歡你，就應該在家誇她會持家，會做飯，會照顧人等；在公司要說她既漂亮又能幹；在商場要誇她有眼光、會買東西等，如果你能夠準確地拿捏這些，那相信你無論工作還是生活中都能左右逢源。

著名的英國女王維多利亞，與其丈夫相親相愛，感情和諧。但維多利亞女王乃是一國之王，整日忙於公務，出入於社交場合，而她的丈夫阿爾伯特卻和她相反，他對政治不太關心，對社會活動也沒有多大的興趣，因此有時兩人也鬧些彆扭。

有一天，維多利亞女王去參加社交活動，而阿爾伯特卻沒有去，已經夜深了，女王才回來，只見房門緊閉著。女王走上前去敲門。

房內，阿爾伯特問：「誰？」

女王回答：「我是女王。」

門沒有開，女王再次敲門。

房內阿爾伯特問：「誰呀？」

女王回答：「維多利亞。」

門還沒開。女王徘徊半晌，又上前敲門。

房內的阿爾伯特仍然是問：「誰呀？」

女王溫柔地回答：「我是你的妻子。」

這時門開了，丈夫阿爾伯特伸出熱情的雙手把女王拉了進去。

作為女王丈夫的阿爾伯特，一開始就知道敲門的是自己的妻子，但他兩次問其實是明知故問。為什麼女王兩次敲門都遭到了拒絕，叫不開門，而最後一次丈夫開了門並熱情有加呢？這是由於她的語言沒有隨場合的變化而變化，女王的心理狀態沒有隨著環境、對象的變化而調整。

第一次女王敲門回答說：「我是女王」，這樣自稱，應該在宮殿上才合適，而面對丈夫，顯得態度高傲，咄咄逼人，因而門沒有開。

第二次敲門，女王回答是「維多利亞」，應該承認第二次的回答要比第一次好，但是「維多利亞」這個稱呼是中性的，它是個冷冰冰的代號，對任何人都可以這樣自稱，因而，效果不好。

第三次敲門女王回答說：「我是你的妻子」，體現了作為「妻子」的角色意識，傳達出妻子特有的溫柔和感情色彩，滿足了丈夫的自尊心，不僅敲開了門，也敲開了丈夫的心扉。

在生活的舞台上，一個人就是一個角色，隨著場景的變化，角色就有可能轉換。一個人有時會擔任幾個角色。如你是經理，也是父親，還是丈夫，你就要學會根據不同的場合，說話要符合不同的場景和自己轉換的角色身分。

## 做一個好的傾聽者

小貓長大了。

有一天，貓媽媽把小貓叫來，說：「你已經長大了，以後就不能再喝媽媽的奶了，要自己去找東西吃。」

小貓惶惑地問：「媽媽，那我該吃什麼東西呢？」

貓媽媽說：「你要吃什麼食物，媽媽一時也說不清楚，就用我們祖先留下的方法吧！這幾天夜裡，你躲在人們的屋頂上、樑柱間、陶罐邊，仔細地傾聽人們的談話，他們自然會教你的。」

第一天晚上，小貓躲在樑柱間，聽到一個大人對孩子說：「小寶，把魚和牛奶放在冰箱裡，小貓最愛吃魚和牛奶了。」

第二天晚上，小貓躲在陶罐邊，聽見一個女人對男人說：「老公，幫我一下忙，把香腸和臘肉掛在樑上，小雞關好，別讓小貓偷吃了。」

第三天晚上，小貓躲在屋頂上，聽到一個婦人叨念自己的孩子：「乳酪、肉鬆、魚乾吃剩了，也不會收好，小貓的鼻子很靈，明天你就沒得吃了。」

就這樣，小貓每天都很開心，牠回家告訴貓媽媽：「媽媽，果然像您說的一樣，只要我仔細傾聽，人們每天都會教我該吃些什麼。」

靠著傾聽別人的談話，學習生活的技能，小貓終於成為一隻身手敏捷、身體強健的大貓，牠後來有了孩子，也是這樣教導孩子：「仔細地傾聽人們的談話，他們自然會教你的。」

這雖然是一則寓言故事，但是它卻告訴我們一個很簡單的道理，要學會傾聽。然而，生活中絕大多數人都不是好的傾聽者，而是很好的傾訴者。上帝造物時，給人一個嘴巴兩個耳朵，其實就是要我們多傾聽，少傾訴。

事實上，如果我們想給人際關係技能的重要性排序，那麼傾聽位列第一。傾聽不僅是聞其言，還要觀其行、察其色，是要真正地投入地去聆聽對方的談話。

傾聽是促成社會交往和工作中人際交往的重要方式。如果沒有人傾聽，不管講話者講得多麼明白，都不能和他的聽眾進行溝通。所以，要想在工作和生活中取得成功，學會傾聽是一項至關重要的技能。

高情商者都知道，如果你善於傾聽，就能發現別人會被你所吸引，你的朋友和同事都會信賴你，你的人際關係也會得到改善。

傾聽是一項可以被傳教和掌握的技能，但實際上很少有人能得到這方面的訓練，並把它做好。大部分人忽視了傾聽的技巧，有的人甚至覺得人天生就會傾聽。而社會交往中形成的許多問題正是由於傾聽技能被忽略、忘卻和認為理所當然所造成的。如果你不是一位有效的傾聽者，你在全面提高人際關係技能的過程中將面臨長期的困惑。

傾聽能夠增進人際關係和諧發展。聽者投入地傾聽講話者的講話，會大大拉進雙方的關係。主動傾聽可以實現雙方的相互支持與共識，而這又會增加雙方間的信任和交流。當傾聽者用心傾聽，用耳朵和眼睛去捕捉更完整的資訊時，說話者也會感覺到自己受到了關注。這些感覺的互相作用，潛移默化地促進了人際關係的發展。

## 微笑的神奇力量

微笑是兩個人之間最短的距離，也是兩個人縮短距離的有效手段。微笑在人際交往中，對於傳遞具有影響力的情緒起著不容忽視的作用，而且能夠提高你的人際情商。

微笑是會傳染的。你對人微笑，他人也會對你報以微笑。微笑是最具感染性的無聲語言。難以用語言表達心境時，微笑是最好的交流工具。那些不懂得利用微笑價值的人，實在是很不幸。要知道，微笑在交往中能發揮極大的效果，無論在家裡，在辦公室，甚至在途中遇到朋友，只要你不吝嗇微笑，立刻就會顯示出你最具親和力的一面來。

微笑是不分地域、不分國界的溝通方式，是人類最美麗的表情，是情商的美麗外衣。微笑其實很簡單，只要將嘴角輕輕上揚，眉毛輕輕彎曲，但是你得到的回報將遠遠大於這些。哈諾・麥卡錫的經歷就是最好的證明。

哈諾・麥卡錫是一位優秀的飛行員。不幸的是，在一次打擊法西斯的戰鬥中，他被俘了，並被投入到單間牢房。

有一次，他摸出香煙，但是卻沒有找到火柴，煙癮難耐，他只好向看守借火。他透過牢房的鐵窗，借著昏暗的光線，看見了一個士兵。士兵沒有看見麥卡錫，當然，他用不著看，對於他來說，麥卡錫只不過是一個無足輕重的戰俘，說不上哪天就會成為一具屍體。

麥卡錫鼓足勇氣，用儘量平靜的、沙啞的嗓音對士兵說：「對不起，借個火。」士兵慢慢扭過頭來，用冷冰冰的、不屑一顧的眼神看了麥卡錫一眼，接著又閉了一下眼，深吸了一口氣，慢慢地踱了過來。士兵臉上毫無表情，但還是掏出火柴劃著火送到麥卡錫嘴邊。

那一刻，隔著鐵窗，在那微小又明亮的火柴光下，士兵的目光和麥卡錫的目光撞到了一起。麥卡錫不由自主地咧開嘴，對士兵微笑一下。

然而，就在這一剎那，這抹微笑打破了兩人心靈之間的隔閡。像是受到感染一樣，士兵的嘴角開始不大自然地往上翹，露出了微笑。

點著煙後，他並沒走開，他的臉上仍然帶著微笑，看著麥卡錫，眼神中也少了當初的凶氣，他輕聲問：「你有孩子嗎？」

「有，有，在這兒呢！」麥卡錫用顫抖的雙手從衣袋裡掏出皮夾，拿出自己與妻子和孩子的合影給他看。士兵也掏出他和家人的照片給麥卡錫看，並告訴麥卡錫：「出來當兵一年多了，想孩子想得要命，要再熬幾個月，才能回一趟家。」

麥卡錫的眼淚止不住地往外湧，他對士兵說：「你的命可真好，願上帝保佑你平安回家。可我，可能再也沒有機會見到我的家人，再也不能親吻我的孩子了……」

士兵的眼中充滿了同情的淚水。突然，他的眼睛亮了起來，並把食指貼在嘴唇上，示意麥卡錫不要出聲。他打開了牢門，帶著麥卡錫從小路走出了監獄，他示意麥卡錫儘快離去，之後一句話也沒說，轉身往回走了。

麥卡錫的生命就這樣被一個微笑挽救了。

微笑顯示出你的善意，顯示出你的謙和，顯示出你對別人的尊重、好感。微笑能照亮所有看到它的人。對那些整天都看到皺眉頭、愁容滿面、視若無睹的人來說，你的笑容就像穿過烏雲的太陽，一個笑容能幫助他們瞭解一切都是有希望的。

今天你微笑了嗎？

第三章

# 自我意志的力量

意志力是上帝賦予我們的神奇力量。
有了堅強的意志，就有了競爭力。
有了堅強的意志，就有了成功的保障。
我們唯有不斷磨練自己的意志，方能不斷前進，勇攀高峰。

## 人人都有的神奇力量

獅子、機器人、稻草人沿著青磚道前往翡翠城找尋奧芝大法師，希望從他那裡獲得解決難題和達成願望所需要的勇氣、決心和智慧。奧芝大法師告訴它們一個簡單的法則：「達成所欲目標的力量，其實就在自己身上。」那麼這種力量是什麼呢？是意志力，每個人都有的意志力。

達成所欲目標的力量，其實就在自己身上。要瞭解意志力，我們首先得知道意志力的概念。意志力是心理學中的一個概念，是指一個人自覺地確定目標，並根據目標來支配、調節自己的行動，克服各種困難，從而實現目標的品質。意志力可被視為一種能量，而且根據能量的大小，還可判斷出一個人的意志力強弱和發展狀態。

人們要獲得成功必須要有意志力作保證。下面的故事，就充分說明了意志力的重要性。

約翰是一名軍人，但他的理想卻是當一名歌手，因此他購買了吉他，自學自唱，甚至自己創作了一些歌曲。兵役期滿後，約翰回到了家鄉，想實現當一名歌手的夢想。可是，現實是殘酷的，雖然他唱得很好，但是沒人請他唱歌。

為了生計，他一邊打工，挨家挨戶推銷各種生活用品，一邊堅持練唱。他組織了一個小型的歌唱小組在各個教堂、小鎮巡迴演出。一年後，他灌製的一張唱片奠定了他從事歌唱事業的基礎。他的這張唱片銷售了五萬多張，他除了獲得物質上的保障，還被電視台邀請去做訪談、獻唱。

接下來的事，就是水到渠成了。他成為人們的偶像，開始四處巡演。然而，幾年下來，他被那些狂熱的歌迷拖垮了，晚上須服安眠藥才能入睡，而且還要吃些「興奮劑」來維持第二天的精神狀態。他開始染上一些惡習——酗酒、服用催眠鎮靜藥和刺激興奮性藥物。

看到約翰這樣，他的好友規勸說：「約翰，我知道你的壓力很大，但是我相信你能控制自己，你能正確選擇自己想幹的事。」朋友的話，深深地刺激了約翰的神經，同時也給了他很大的信心。約翰找到自己的私人醫生，告訴他說自己要戒除壞毛病，希望得到他的幫助。醫生有些不太相信，因為他認為戒毒癮比找上帝還難。

約翰並沒有被醫生的話所嚇倒，他知道「上帝」就在他心中，他決心「找到上帝」，儘管這在別人看來幾乎不可能。他把自己鎖在臥室閉門不出，一心一意要根絕毒癮，為此他忍受了巨大的痛苦，經常做噩夢。

後來在回憶這段往事時，約翰說：「我總是昏昏沉沉，好像身體裡有許多玻璃球在膨脹，突然一聲爆響，只覺得全身佈滿了玻璃碎片。」當時擺在他面前的，一邊是麻醉藥的引誘，另一邊是他奮鬥目標的召喚，結果他的意志力占了上風。

三個月的痛苦掙扎以後，約翰終於戒掉毒癮，恢復到正常狀態，睡覺不再做噩夢。他努力實現自己的計畫。幾個月後，他重返舞台，再次引吭高歌。他堅持不懈地奮鬥，終於又一次成為超級歌星。

同約翰一樣，我們每個人身上也有這樣或那樣的缺點，但約翰依靠自身的力量戰勝了弱點，最終獲得了成功。這種力量就是意志力，既然約翰能依靠意志力戰勝弱點，相信每一個人也能做得到。

## 人的強大在於意志的強大

很多時候，在外力達到極限的剎那，意志往往起著決定作用。比如，馬拉松賽上，最後的幾分鐘，運動員往往是靠意志在支持瀕臨虛脫的身體。

其實，生活中也是如此，如果沒有了意志，那麼一個人就不可能渡過難關。

弗洛倫絲是著名的游泳健將，一次她從卡得林那島游向加利福尼亞海灣。在海水中泡了十六小時，只剩下一海浬時，她看見前面大霧茫茫，潛意識發出了「何時才能游到彼岸」的信號，她頓時渾身困乏，失去了信心。於是她被拉上小艇休息，失去了一次創造紀錄的機會。

事後，弗洛倫絲才知道，她就快要登上了成功的彼岸，阻礙她成功的不是大霧，而是她內心的疑惑：在大霧擋住視線之後，是她自己對創造新的紀錄失去了信心，意志產生了動搖，以致被大霧所俘虜。

過了兩個多月，弗洛倫絲又一次重游加利福尼亞海灣。游到最後，她不停地對自己說：「離彼岸越來越近了！」潛意識發出了「我這次一定能打破紀錄！」的信號，她頓時渾身來勁，最後弗洛倫絲終於實現了目標。

一個人要挑戰自己，靠的不是投機取巧，不是耍小聰明，靠的是意志。弗洛倫絲就是憑著堅強的意志而取得了成功。

人與人之間，弱者與強者之間，成功與失敗之間，最大的差異就在於意志的差異。人一旦有了意志的力量，就能戰勝自身的各種弱點，從而到達成功的彼岸。下面的真實故事就是很好的例證。

美國《ELLK》的前主編鮑比因一起意外的災難失去了雙臂和言語能力，身陷輪椅，幾乎成了一個廢人。每當看到兒子在他面前玩耍，他就難以忍受自己的處境。他倆的臉相距僅五十釐米，可是作為父親，卻不能用手去撫摸兒子頭髮和緊緊擁抱他。

鮑比的潛意識告訴自己：「我還能做很多事，我不能就此頹廢。」於是，他開始了用眼皮「寫」書的艱苦歷程。

助手為他朗讀了二十萬次字母表，他用眨動眼皮來確定某一個字母，先組成詞語，進而組成句子、段落。

最後，他終於完成了以自嘲與樂觀的態度來回顧往日生活的著作《潛水鐘與蝴蝶》。

憑藉意志，一個失去雙臂和語言功能的人能夠「寫」出一本書，那麼，身體健全的我們，為什麼不能夠憑藉意志去戰勝生活中的困難，去追求成功呢？

## 生命力決定於意志力

在自然界中，我們曾經看過很多生命力頑強的動植物，比如北極是一個冰天雪地的世界，那裡的食物稀少，許多大型動物都望而卻步，但北極熊卻能在那兒快快樂樂地生活；又如野草，經歷牛羊的啃食，嚴寒的侵襲，但每到春天它依然會堅強地發出新芽。我們在驚歎這些生命的同時，是否會聯想到我們人類的生命力。

按常理來說，人的生命力應該比那些動植物的生命力要頑強的多。但事實卻不盡如此。在報紙、電視上，我們經常能看到某人因為某種原因自殺，這時人的生命是多麼的脆弱呀！一個原本健康活潑的生命，轉瞬間就會被薄薄的刀片輕易地毀掉，細細的繩子奪去，清清的河水吞噬……你能說這樣的生命是頑強的嗎？

其實，這些人的生命之所以變得如此脆弱，關鍵在於其失去了生的意志。生命的頑強與否，完全取決於人的意志。一個人意志頑強了，生命就會無比頑強，如海倫・凱勒。意志薄弱了，生命就會脆弱得不堪一擊。

有這樣一個人：

四歲，一場麻疹和強直性昏厥症，使他幾乎夭折。

七歲，他患上嚴重肺炎，不得不服用大量藥物。

十三歲，他開始周遊各地，過著流浪的生活。

十五歲，他舉辦了首次音樂會，一舉成功，轟動了整個音樂界。他的聲名傳遍法、奧、德、英、捷等很多國家。帕爾馬首席提琴家羅拉聽到他的演奏驚異得從病床上跳下來，木然而立。維也納一位盲人聽到他的琴聲，以為是樂隊在演奏，當得知台上只有一個人時，大叫「他是個魔鬼」，匆匆逃走。

四十六歲，他的牙床突然長滿膿瘡，幾乎拔掉了所有牙齒。牙疾剛癒又染上可怕的眼疾，幼小的兒子成了他手中的拐杖。

五十歲後，關節炎、腸道炎、喉結核等多種疾病吞噬著他的肌體。後來聲帶也壞了，靠兒子按口型翻譯他的思想。

他僅活到五十七歲，就口吐鮮血而亡。死後屍體也備受磨難，先後被搬遷八次。

他從四歲開始便與苦難為伍，直到死依然沒有擺脫苦難的糾纏。可痛苦並沒有讓他失去生的意志，他最終使自己在苦難中脫穎而出，開出了頑強、美麗的生命之花。

他長期把自己關禁起來，瘋狂地練琴，每天練琴十至十二小時，忘記饑餓與死亡。當然，他除了兒子和小提琴，一無所有。

他還在指揮藝術上苦下功夫，並創作出《隨想曲》、《無窮動》、《女妖舞》和六部小提琴協奏曲及許多吉他演奏曲。

後來，盧卡共和國授予他「首席小提琴家」的稱號。

他，就是世界著名超級小提琴家——帕格尼尼。由於他的意志不滅，苦難沒有打倒他，相反，他在苦難中成長為音樂巨人。

帕格尼尼的故事告訴我們：疾病可以打垮一個人的身體，但是卻打不垮一個人的意志。一個具有頑強意志的人，可以戰勝一切苦難，去追求事業上的成功。

由此可見，一個人只有具有頑強的意志，他的生命才會充滿活力，他的人生才會五彩繽紛，他的價值才會得到充分的體現，他的生活才會變得更加有意義。所以我們每個人都應該學會培養自己具有頑強的意志。

## 堅強的意志能改變生活

意志力對成功所起的作用已越來越受到人們的重視，很多心理學家甚至專門致力於這方面的研究。關於意志力，一位心理學家說：「意志力使人擁有快樂和成功的力量，能讓人不斷地改變自己，從而使人生不斷擴展和完美。」

的確，意志力是一種強大的內在力量，是支撐人生大廈的支柱。人們習慣於把意志力當作人生的太陽，前進的動力。有的人身軀先天不足或後天病殘，但意志力能夠使他們成為生活的強者，取得常人難以取得的成功。對我們每個人來說，都應該把意志力作為立身的法寶和希望的長河。

家饌水餃是香港一個非常著名的食品品牌，它的創始人臧健和的創業故事激勵著許多年輕人，他們都以臧健和為學習的榜樣。現在的臧健和是受人尊重的女企業家，但她的成功，不是靠上天的恩賜，也不是靠父輩的資助，而是憑著堅強的意志力，一步一個腳印打拚出來的。

最開始，臧健和從山東來到人生地疏的香港定居，生計沒有著落，她只好到餐廳洗碗維持生活，並獨立撫養著兩個年幼的女兒。一次，她因為摔傷了脊背沒法去餐廳工作，餐廳老闆很快就找人代替了她的空缺。失去工作後的臧健和生活無著，幾乎到了山窮水盡的地步。

在這種困境中，一般人都會絕望，甚至會崩潰，但臧健和沒有，面對厄運，她堅信「天無絕人之路」，只要自己不放棄，生活總有一天會好轉。正是憑著堅定的意志力，臧健和走上了創業的道路。臧健和決定用她家鄉世代相傳的獨特配方，包出皮薄多汁的水餃，去香港灣仔碼頭擺攤叫賣。臧健和每天推著木頭車去灣仔碼頭賣水餃，受到了很多人的歡迎，她的小木頭車生意越來越好。臧健和終於使自己擺脫了困境，而且還開創了自己的餃子工廠和連鎖店。

臧健和的水餃除了保持家鄉的傳統特色外，她還在品質上下功夫，保證每一個水餃都新鮮可口，如同自己家裡包出來的一樣。因此，她每天都精心挑選和製作最新鮮的餡料，對餃子皮也都精心處理，務求達到最佳的彈性和厚度。為了保證用肉標準，她經常鑽進冰庫去檢查豬肉中精肉與肥肉的比例。

努力就會有回報，很快，在香港家餵水餃便賣得名滿街巷，被傳媒譽為首創港產名牌。臧健和也被尊稱為「水餃皇后」。

是什麼使臧健和有戰勝困難的勇氣和力量？是什麼使她從一個普通的女子，成長為知名的企業家？唯一的答案就是：意志力！

正如一位心理學家所說：「意志的力量在於即使身處逆境，亦能幫助你鼓起前進的征帆；意志的魅力在於即使遇到險惡，亦能召喚你鼓起生活的勇氣；意志的偉大在於即使招致不幸，亦能拯救你保持崇高的心靈。生活中有了意志，就像有了冉冉升起的太陽；事業中有了意志，就像有了攀登險峰的拐杖。」

## 堅強的意志離不開明確的目標

生活中，那些不能堅持目標的人，或者沒有目標的人，只能平庸地過一生；而堅持目標的人，往往能取得令人羡慕的成功。這是因為，堅持目標的人都具有堅強的意志。意志的力量是驚人的，它可以調動你身上所有的優異品質，鍛煉自己，造就自己。

提到羅琳，很多人也許不知道她是誰，但是說到《哈利・波特》一書，相信大多數人都聽說過或者看過，羅琳就是這套書的作者。因為這套書，羅琳成為英國最富有的女人，收穫了無數的掌聲和鮮花。其實，人們只看到了她成功的一面，卻沒有看到她為成功所付出的努力，以及她在走向成功過程中所表現出來的優秀品質。

羅琳從小就熱愛文學，熱愛寫作和講故事，而且她從來沒有放棄過。

大學時，她主修法語。畢業後，她隻身前往葡萄牙發展，隨即和當地的一位記者墜入情網，並結婚。遺憾的是，這段婚姻很快就因為她丈夫頻繁施加的家庭暴力而結束了，羅琳獨自帶著三個月大的女兒潔西嘉回到了英國，棲身於愛丁堡一間沒有暖氣的小公寓裡。

丈夫離她而去，工作沒有了，居無定所，身無分文，再加上嗷嗷待哺的女兒，羅琳一下子變得窮困潦倒。她不得不靠救濟金生活，經常是女兒吃飽了，她還餓著肚子。但是，家庭和婚姻的失敗並沒有打消羅琳寫作的積極性，用她自己的話說：「或許是為了完成多年的夢想，或許是為了排遣心中的不快，也或許是為了每晚能把自己編的故事講給女兒聽。」她成天不停地寫呀寫，有時為了省錢省電，她甚至待在咖啡館裡寫上一天。

在女兒的哭叫聲中，她的第一本《哈利・波特》誕生了，並創造了出版界奇蹟，她的作品被翻譯成三十五種語言在一百一十五個國家和地區發行，引起了全世界的轟動。

羅琳的成功，首先是她有堅強的意志。無論生活怎樣困苦，她都沒有放棄寫作。其次，她有明確的目標——寫作，並且將意志集中在了這一個目標上，最終靠智慧與執著取得了巨大的成功。

無獨有偶，世界上第一位女性打擊樂獨奏家伊芙琳・格蘭妮也是因為有明確的目標而成功的。

格蘭妮出生在蘇格蘭東北部的一個農場，從八歲時她就開始學習鋼琴。隨著年齡的增長，格蘭妮對音樂的熱情與日俱增。但不幸的是，她的聽力卻在漸漸地下降，醫生們斷定是由於難以康復的神經損傷造成的，而且斷定到十二歲，她將徹底耳聾。可是，格蘭妮對音樂的熱愛卻從未停止過。

為了演奏，格蘭妮學會了用不同的方法「聆聽」其他人演奏的音樂。她只穿著長襪演奏，這樣她就能通過身體和想像感覺到每個音符的震動，她幾乎用她所有的感官來感受著她的整個聲音世界。

格蘭妮決心成為一名音樂家，而不是一名聾人音樂家，於是她向倫敦著名的皇家音樂學院提出了申請。以前從來沒有一個聾啞學生提出過申請，一些老師反對接收格蘭妮入學。但是她的演奏征服了所有的老師，她順利地成為皇家音樂學院的學生，並在畢業時榮獲了學院的最高榮譽獎。

從那以後，格蘭妮就致力於成為第一位專職的打擊樂獨奏家。她為打擊樂獨奏譜寫和改編了很多樂曲，雖然這期間她經歷了很多挫折、打擊，但是這一切並沒有阻礙她追求理想的步伐，也沒有僅僅由於醫生的診斷而放棄追求。最終，格蘭妮成功了。

格蘭妮的經驗告訴我們：一個人，無論取得多大的成績，總會遇到一些挫折，或是近似毀滅性的災難。但是，只要堅持目標，竭盡全力去克服一切障礙，就一定能採摘到成功的果實。不過，你得先有心理準備，在摘取果實之前，必須品嘗各種滋味，其中就包括苦澀。唯有如此，你才會得到你想擁有的一切。

## 意志堅強能克服一切困難

人的一生中，難免會遇到一些困難，如考試失敗，工作陷入低谷，遭遇欺騙，公司破產，等等。但是，只要成功的意志不動搖，你最終將會到達勝利的彼岸。沃特‧迪士尼的人生經歷充分說明了這一點。

沃特‧迪士尼，集電影導演、製片人、動畫片藝術的先驅、著名企業家等多重身分於一身，是他創造了米老鼠與唐老鴨，又創作了《三隻小豬》《白雪公主》《木偶奇遇記》《小飛象》等動畫片，創建了深深吸引著全世界遊人的迪士尼樂園。

他的成功，令所有人羨慕，其實迪士尼的事業並非一帆風順，相反，他的每一個成就都是汗水和心血的結晶。他的人生困難重重，他一生都在與命運抗爭，他的信念是：如果不戰勝困難，就會被困難戰勝。

一九二二年底，迪士尼發覺電影廣告公司有利可圖，他目睹自己供職這家公司的業務接連不斷，利潤甚豐。經過兩年的工作實踐，他對卡通廣告製作十分熟悉了，覺得自己可以從這方面入手創業。於是，他辭掉電影廣告公司的工作，把自己的積蓄全部拿出來，並向朋友借了一些，集得一點五萬美元，創立「歡笑卡通片製作公司」。

迪士尼不分日夜親自繪畫圖形，根據童話故事，拍攝出兩套七分鐘的短片。他私下裡認為自己會一炮打響。於是，他委託兩名推銷員把自己的作品向全國推銷，這兩位推銷員滿口答應，並自稱他們是一流的推銷員，一定會獲得好效益的。迪士尼等待著自己辛勤勞動的回報，可一天天過去了，沒有那兩位推銷員的任何消息。他再也按捺不住了，四處找那兩位推銷員，卻毫無蹤跡。原來，他們中飽私囊後逃走了，迪士尼血本無歸，「歡笑」變成了煩惱。

就這樣，迪士尼的卡通製作公司不得不宣佈破產，公司裡的所有器具被拍賣還債，有些債務是迪士尼私人借的，公司破產後仍須清還。迪士尼從卡通製作公司出來，除了帶走一個照相機外，他一無所有。

起步就不利，這不但使迪士尼醞釀已久的希望成為泡影，而且，他把兩年的積蓄花光了，並欠下一大筆債，如此沉重的打擊使他數天無法入眠。他苦思冥想，總結了失敗原因，不是自己的卡通片製作不行，而是自己經營能力欠佳，沒有按經營規則去運作，故而受騙上當。教訓是慘痛的，迪士尼領悟到勝負乃人生常事，必須樹立勝不驕、敗不餒的成敗觀。人生在世，做事不可能處處天從人願，時時會有意想不到的困難。迪士尼逐步明白，人要成功必須不怕困難，不要怕失敗。

迪士尼消除了一切灰心冷意，下決心東山再起，再一次「千里之行始於足下」。他靠拍些照片供報刊選用，從中賺點兒稿費；或給商店繪製海報得到收入，以此開始積蓄力量，最終取得了令世人矚目的成就。

在一次又一次的打擊下，迪士尼憑藉堅忍意志，最終獲得了成功。可見，具有堅忍意志的人是經得起任何風暴的。

## 有堅強意志，才有競爭力

人們常說，人生像一場戲，生活像一部電影，我們想成為人生的主角，那怎樣才能做到呢？要有競爭力。這如同導演拍電影或者電視選擇演員一樣，他會選擇那些有競爭力的演員，換言之，他會挑選那些長的漂亮（英俊）的，有才華的，被觀眾認可的，現階段很火的，或者是長的「特別意外」的，等等，這樣他拍出的電影或電視人們才會看。

那要想成為人生和生活的主角，需要怎樣的競爭力呢？這很簡單，你要具有優秀的品質，如堅強、善良、勤勞、樂觀、忠誠，等等。而要具有這些優秀的品質，必須要有堅強意志，因為堅強意志是它們的基礎，是它們的根基。沒有堅強意志，這些優秀的品質很容易向它們相反的方向發展，變成懦弱、惡毒、懶惰、悲觀、背叛，等等。

有人問「飛人」邁克・喬丹，是什麼因素造成他不同於其他職業籃球運動員？是天分？是球技？抑或是策略？你知道喬丹是怎樣回答的嗎？

他說：「ＮＢＡ裡有不少有天分的球員，我也可算是其中之一，可是造成我跟其他球員截然不同的原因，是你絕不可能在ＮＢＡ裡再找到我這麼拚命的人。」

你或許會感到不解，到底邁克・喬丹不懈拚命的動力來源於何處？

那是發生於他念高中一年級時一次在籃球上的挫敗。那天，喬丹被學校籃球隊退訓。回到家，他哭了一個下午。在那個重大打擊下，他原可以就此決定不再打籃球了，可是沒有，他反而把這個教訓轉變為強熱的願望：我要成為球隊最棒的。於是，他回到了球隊。

在升高二之前的暑假中，喬丹找到校隊教練克里夫頓・賀林尋求幫助，每天在他的指導下進行密集訓練。終於，喬丹被選入校隊參加比賽。十年之後，他更證明了ＮＢＡ芝加哥公牛隊教練道格・柯林斯的見解：準備得越充足，幸運就越會跟著來。

「你絕不可能在ＮＢＡ裡再找到我這麼拚命的人」，這就是喬丹的競爭力，它使喬丹成為人生的主角，生活的主角，ＮＢＡ的主角。你的競爭力是什麼？如果你能找到它，同時將它發揚光大，你就能成為主角。

## 生命中沒有「不可能」

「這件事太難了，我做不了，還是交給其他人吧。」

「這個工作我一個人不可能完成。」……

當你不停地說「不可能」時，你已經失去了「可能」的機會。

其實，這個世界上沒有什麼是不可能的，事情無論困難還是簡單，不去做，必然會不可能，但只要努力去做，不可能也會變成可能。史蒂芬・霍金就是最好的例子。

一九四二年一月八日，史蒂芬・霍金出生在牛津，這一天剛好是伽利略逝世三百年。可能因為他出生在第二次世界大戰期間，小時候霍金對模型特別著迷。十幾歲時，他不但喜歡做飛機和輪船模型，還和同學製作了很多不同種類的戰爭遊戲，反映出他研究和操控事物的渴望。

十三四歲時，霍金就已下定決心要從事物理學和天文學的研究。十七歲那年，他獲得了自然科學的獎學金，順利入讀牛津大學。學士畢業後他轉到劍橋大學攻讀博士，研究宇宙學。不久，他發現自己患上了會導致肌肉萎縮的盧伽雷病，半身不遂。醫生對此病束手無策，起初他打算放棄從事研究的理想，但後來病情惡化的速度減慢了，他便重拾心情，排除萬難，繼續醉心研究。

二十世紀七〇年代，他和彭羅斯證明了著名的奇性定理，並在一九八八年共同獲得沃爾夫物理獎。他還證明了黑洞的面積不會隨時間減小。一九七三年，他發現黑洞輻射的溫度和其品質成反比，即黑洞會因為輻射而變小，但溫度卻會升高，最終發生爆炸消失。

二十世紀八〇年代，霍金開始研究量子宇宙論。這時他已喪失語言能力，表達思想唯一的工具是一台電腦聲音合成器。他用僅能活動的幾個手指操縱一個特製的滑鼠在電腦螢幕上選擇字母、單詞來造句，然後通過電腦播放聲音，通常一個句子要五六分鐘，為了合成一個小時的錄音演講要準備十天。

霍金一生貢獻於理論物理學的研究，被譽為當今最傑出的科學家之一。他的著作包括《時間簡史》及「黑洞與嬰兒宇宙」等相關文章。雖然大家都覺得他非常不幸，但他在科學上的成就卻是在病發後獲得的。他憑著堅毅不屈的意志，戰勝了疾病，創造了一個奇蹟，也證明了殘疾並非成功的障礙。

## 意志力是成功的嚮導

一位哲人說：「你如果要贏得輝煌的勝利，就一定先要跋涉人生的溝溝坎坎和品嘗不願品嘗的滋味。」事實上還不止如此。一個人在獲得成功前，還必須掙斷一切束縛自己前進的繩索，包括戰勝身體上的殘疾，不被他人的言論所左右……

普瑞爾是盲人閱讀凸點系統的創始人，他的人生之旅沒有一步是順利的：幼時失明，磕磕絆絆上完學，研究凸點系統受人嘲笑，不被人承認等等，但普瑞爾從沒有放棄過自我，而是積極改進盲人閱讀的方法，並最終獲得了成功。

普瑞爾出生在巴黎附近一個小鎮，他的父親開了一家皮革店。在他很小的時候，父親就經常帶他到店裡玩耍。

一天，父親隨客人去取皮衣，留下三歲的普瑞爾在店裡玩。不幸的事發生了：普瑞爾學著父親的模樣，拿起小刀割皮子，卻劃傷了左眼，他的左眼就這樣失明了。後來他的左眼發炎，蔓延到右眼，結果三歲的普瑞爾從此失去了光明。

也許是由於年齡小，也許是因為天生樂觀，失明後的小普瑞爾並沒有變得沉默，他仍然像未失明時那樣活躍快樂。

五歲時，他和其他小朋友一起去學校「聽」課。十歲時，他進入巴黎啟明青年學院，開始讀大凸字（當時專為盲人設計的閱讀方式，將字母放大同時凸出紙面，方便盲人以手觸摸）的書。

不過，由於字母非常大且凸出紙面，一本小書往往有幾寸厚；書雖然十分厚重，內容卻不多。這使他產生了一個想法：「一定有方法可以讓盲人像正常人一樣學習，一定有方法讓盲人能更方便地閱讀。我一定要找出這個方法來，一定要！」

十五歲時，他聽說一位陸軍上尉發明了一種方法，能讓軍人在晚上讀軍令。普瑞爾想：「人在黑暗中什麼都看不見，怎麼能讀軍令呢？這不是像盲人能看書一樣嗎？」於是，普瑞爾決心請教這位上尉。幾經周折，普瑞爾終於拜訪了上尉。

上尉對普瑞爾的決心肅然起敬，他把自己發明的方法詳細地告訴普瑞爾。原來他是利用尖刀在紙上刻出點和線，通過不同的排列組合，組成了軍令的暗碼。普瑞爾深受啟發和鼓勵，並堅信這個方法便是他一直在找尋的能讓盲人讀、寫的方法。

此後，普瑞爾經過無數次的研究和組合，終於將字母以不同的點和位置組合表示出來，盲人只需用手指觸摸這些不同點、位元的組合，就可以讀出字母甚至文章（以下我們將之稱為凸點系統）。

另外，普瑞爾還發明了一些工具，使打點更加快捷、順暢。但是當他公佈這個新方法時，很多人不以為然，認為使用不同字體，無形中會把盲人從正常社會中分化出來。

十七歲普瑞爾從啟明青年學院畢業，並且開始在那裡教書。白天時他會用大凸字的書本授課，晚上回家後則全身心改良凸點系統。

二十歲時，他的凸點系統正式完成了。他又設計了一些工具，可以用凸點來打字，他打字的速度幾乎和一般人講話一樣快，他的凸點系統也能記音符和樂譜，因此盲人也能讀樂譜。普瑞爾甚至把莎士比亞及其他古典名著用凸點系統打出來。

這個系統問世時，一般大眾都不知它的價值，因此對它毫不重視。有人更報以極度埋怨的態度，因為他們擔心原來的大凸字系統會被普瑞爾的凸點系統所取代。不過普瑞爾並未因此放棄努力，不管到哪裡，他都努力宣傳他的凸點系統，並教導學生使用。普瑞爾終年辛勞地奔波，終於積勞成疾，以致在四十三歲就去世了。當時歐洲很多地方已開始使用普瑞爾凸點系統。時至今日，這個系統在世界已經普遍為盲人所使用。

命運對於普瑞爾來說並不公平，但他在失明後並沒有放棄學習的機會。當他開始研究凸點系統時遭到了別人的嘲笑、打擊，他也沒有自艾自怨、自暴自棄，而是積極改進閱讀的方法，並最終獲得了成功。可見，人一生的成敗，全繫於意志力的強弱。具有堅強意志力的人，遇到任何艱難障礙，都能克服。

但意志薄弱的人，一遇到挫折，便思求退縮，最終歸於失敗。生活中有許多人，他們很希望上進，但是意志薄弱，沒有堅強的決心，沒有破釜沉舟的信念，一遇挫折，立即後退，所以終遭失敗。

## 在逆境中用意志支撐自己

生活中，那些立志追求成功的人，在逆境中總是用意志來支撐自己。他們無視上蒼賦予的困難，也不在意生活的坎坎坷坷，相反，這些苦難和坎坷，往往成為他們前進的動力。

愛倫坡是十九世紀美國的著名作家。他的一生充滿了屈辱與苦難。

愛倫坡自小就是個孤兒，受盡了白眼與欺辱。在被一個富有的煙草商人收為養子後，由於不能博得養父的歡心，竟被養父罵為白癡，用棍棒打出家門，斷絕了一切關係。愛倫坡悲慘的遭遇還遠不止如此。

當他在軍校求學時，有一次，應該持槍在操場練習時，他卻躲在房子裡寫詩，結果被教官發現，送去軍事法庭審判，而後在所有學員的蔑視中被開除了。雖然歷盡了艱辛，但是，愛倫坡卻從沒有放棄成為詩人的信念。

不過，令人欣慰的是，在愛倫坡悲慘的生命歷程中，吝嗇的上帝還是給了他少許的溫情與關愛。在他廿六歲時，他與表妹維琴妮亞不顧一切地熱戀並結婚了，那是愛倫坡一生中最美好的時光，但也給他們夫婦帶來了莫大的痛苦。

許多人認為愛倫坡瘋了，勸他儘早結束這幕悲劇。更有許多人奉勸維琴妮亞離開這個窮光蛋，在他們眼裡，愛倫坡根本不配擁有愛情。但是，愛倫坡夫婦用世間最牢固的愛情擊垮了一切流言，他倆的婚姻是美滿幸福的，維琴妮亞用溫柔與愛啟示愛倫坡寫成了很多最優美的詩句，其中就有那篇不朽的名詩《烏鴉》。

這首詩愛倫坡寫了又寫，改了又改，足足花費了十年的時間，可是僅賣了十塊錢。這件事立刻在當地傳為最大的笑話，愛倫坡成了公認的弱智與無能之輩。許多人都為自己能夠識別出一個白癡而驕傲，感覺自己與相中良馬的伯樂一樣出色。但是他們犯了最大的錯誤，今天這首詩的原稿已售價數萬美元。

愛倫坡和他年輕的太太曾住在紐約郊外一處四周都種了蘋果樹的房子裡，他們以低廉的租金租借此房。可是，他很多時候窮得沒有飯錢，更甭提房租了。維琴妮亞病倒在床，他竟沒有分文替她買些食物，有時候，他們整天餓著肚子，當院裡車前草開花時，他們便煮它充饑。肉體的折磨是可以忍受的，可是來自於旁人的冷嘲熱諷卻深深刺痛著他們的心靈。那時的愛倫坡幾近瘋狂地寫詩，成功的欲望使他忘記了一切苦痛，在他的腦海中，只有兩個字：「成功！」

然而，體弱的維琴妮亞終究敵不過饑寒交迫，她終於在一個無情的冬日，帶著令人感動的愛去了天堂。失去了愛妻，愛倫坡幾乎崩潰了，唯一支撐他的只有成功的信念了。在愛妻的墳墓旁，他強忍著淚水和思念，拿著筆，一刻也不放下，他用盡一切氣力，與其說是寫詩，不如說是在刻詩。

最終，愛倫坡寫出了一首世界上前所未有的、感人肺腑的詩《愛的稱頌》。

愛倫坡終於成功了。無論是饑寒交迫，還是痛失愛人，都沒有使愛倫坡倒下，而支撐他奮鬥下去的就是成功的意志。如果沒有堅強的意志，他也許在人們的嘲笑中一蹶不振，也許在失去妻子的痛苦中消沉，但是，愛倫坡出人意料地挺過來了，並且最終獲得了巨大的成功。

第四章

# 空杯心態

決定我們命運的不是環境，也不是遭遇，而是我們的心態。
空杯心態尤為重要。
當你將心裡那些你一直重視、在乎的，
但沒有價值的東西清空時，
就能容納進新東西，也就能獲得更大的成功。

## 改變自己從改變心態開始

「我要離婚！」一個中年婦女對民政局裡的工作人員說。

「為什麼？」工作人員開始了例行問話。

「我和丈夫性格不一樣，我急，他慢。我讓他改，他卻置之不理；我喜歡吃辣的，他卻喜歡吃甜食，我讓他改變口味，他堅決不同意……」

無論什麼時候，不管你是卑微的，還是偉大的，都不要試圖去改變別人，即使對方是你的伴侶。因為沒有人樂意被別人改變，因此，但凡是智者，總是改變自己。

改變自己，首先要從改變心態開始。「只要心態是正確的，我們的世界就會是光明的。」心態是命運真正的主人。一個人如果想要改變自己的人生，改變自己的命運，第一步就是要從改變自己的心態開始。

看看英國聖公會主教的墓碑上的一段話，相信會使你受益匪淺。這段話是：

> 當我年輕自由的時候，我的想像力沒有任何局限，我夢想改變這個世界。

當我漸漸成熟明智的時候，我發現這個世界是不可能改變的，於是我將眼光放得短淺了一些，那就只改變我的國家吧！

但是我的國家似乎也是我無法改變的。

當我到了遲暮之年，抱著最後一絲努力的希望，我決定只改變我的家庭、我親近的人時——但是，唉！他們根本不接受改變。

現在，在我臨終之際，我才突然意識到：如果起初我只改變自己，接著我就可以依次改變我的家人。然後，在他們的激發和鼓勵下，我也許就能改變我的國家。再接下來，誰又知道呢，也許我連整個世界都可以改變。

## 成也心態，敗也心態

拿破崙・希爾曾說過，人的身上有一個看不見的法寶，這個法寶的一邊裝著四個字：積極心態；另一邊也裝著四個字：消極心態。

積極的心態，它有獲得財富、成功、幸福和健康的力量，可以使人攀登到人生頂峰；消極的心態，它剝奪一切使你的生活有意義的東西。

人們都有追求成功，獲取幸福，成就一番事業的願望，要實現這種願望，就要拿出我們身上這個法寶的積極心態的一面。

有一對夫妻生了一對雙胞胎女兒，因為家境殷實，這對姐妹從小就受到了很好的教育。在她們十四歲那年的某一個星期天，父親問兩個女兒：「你們在學校過得快樂嗎？」

「爸爸，我很快樂！對我而言，學校就是天堂！」大女兒歡快地說。

「為什麼？」父親笑著問。

「學校的老師和藹可親，同學們都友愛善良，就連學校看門的大爺每天都笑咪咪的，在這樣的學校裡學習，我感到很幸福。」

父親聽完大女兒的話後，高興地點了點頭，他又把目光轉向小女兒。

「爸爸，我在學校覺得每一天都很難熬，對我而言，學校就像地獄！」

「為什麼，你不是和姐姐在同所學校同個年級嗎？」父親奇怪地問。

「是的，我和姐姐同校同班。但我覺得老師沒有人情味，同學們嫉妒心很強，就連看門的大爺，雖然臉上每天都笑著，但誰知道他心裡想的是什麼。」

若干年後，這對雙胞胎姐妹的人生有了天壤之別，姐姐大學畢業後，很快就找到了一份滿意的工作，接著找到了男朋友，幸福地戀愛、結婚、生子，一家人過著幸福的生活。

妹妹呢，不停地抱怨工作不理想、老闆不賞識自己、同事排擠自己；不停地抱怨男友不英俊、沒有掙大錢的本事、學歷不高……在抱怨中，她不停地換工作、換男友，結果把自己的生活弄得一團糟，真的就像生活在地獄一般。

同樣的生活環境，接受同樣的教育，兩姐妹之間為什麼會有這樣大的區別呢？這其中最關鍵的因素是心態，姐姐心態積極，看什麼都是美好的一面，所以她的生活也是美好的。而妹妹呢，心態消極，凡事總是看到陰暗的、消極的一面，所以她的生活就不盡如人意。

可見，心態對人的前途影響是相當大的。一個擁有良好心態的人，才能無懼生活中的溝溝坎坎，始終堅定地為自己的理想而奮鬥，才能擁有美好的人生。

## 心寬，路就寬

三個美軍士兵站在華盛頓中心區的越戰紀念碑前。
其中一個問道：「你已經寬恕了那些抓你做俘虜的人嗎？」
第二個士兵回答：「我永遠不會寬恕他們！」
第三個士兵評論說：「這樣，你仍然是一個囚徒！」
顯然，那位士兵心中有獄，什麼獄？心獄。囚的是誰？自己，自己把自己囚在自己的心獄裡而不能自拔。這實際上是說，不寬恕別人就是不放過自己。

星期六的早晨，巴斯的禮品店依舊開業很早。巴斯靜靜地坐在櫃檯後邊，默默地欣賞著禮品店裡各式各樣的禮品和鮮花。忽然，門被推開了，一個年輕人走了進來。他的臉色看上去很陰沉，眼睛流覽著店裡的禮品和鮮花，最終將視線固定在一個精緻的小水晶棺材上面。

「先生，請問您想買這件禮品嗎？」巴斯親切地問。可是，年輕人的眼光依舊冰冷。

「這件禮品多少錢？」年輕人問。

「五十美元。」巴斯回答道。

年輕人聽巴斯說完後，伸手掏出五十美元錢甩在櫥窗上。

巴斯很奇怪，自從禮品店開業以來，他還從沒遇到這樣豪爽、慷慨的買主呢。

「先生，您想將這個禮品送給誰呢？」巴斯試探地問了一句。

「送給露西，她明天就要成為別人的新娘了。」年輕人很氣憤地說。

巴斯心想：什麼？送棺材給新娘，那豈不是……

巴斯略作考慮，對年輕人說：「先生這件禮品一定要好好包裝一下，才會給新娘帶來更大的驚喜。可是今天這裡沒有包裝盒了，請您明天再來取好嗎？我一定會利用今天晚上為您趕製一個新的、漂亮的禮品盒。」

「謝謝！」年輕人面無表情地說完轉身走了。

第二天清晨，年輕人早早地來到了禮品店，取走了巴斯為他趕製的精緻的禮品盒。年輕人匆匆地來到了結婚禮堂，他快步跑到新娘跟前，雙手將精緻的禮品盒捧給新娘後，轉身迅速地跑回了自己的家中，焦急地等待著新娘憤怒與責怪的電話。

在等待中，年輕人的淚水撲簌簌地流了下來，有些後悔自己不該那樣做。

傍晚，新娘給他打來了電話：「艾迪，謝謝你。謝謝你送我這樣好的禮物，謝謝你終於能明白一切了，能原諒我……」

電話那邊新娘高興而感激地說著。年輕人萬分疑惑，什麼也沒說，便掛斷了電話。但他似乎又明白了什麼，迅速地跑到了巴斯的禮品店。

推開門，他驚奇地發現，在禮品店的櫥窗裡依舊躺著那只精緻的小水晶棺材——巴斯將水晶棺材換成了一對代表幸福和快樂的鴛鴦。

一切都已經明白了，年輕人靜靜地望著巴斯。而巴斯則對年輕人輕輕地微笑了一下。年輕人冰冷的面孔終於在這瞬間流露出感激與尊敬：「謝謝你，先生。你讓我懂得了寬恕是一種風度。」

一位名人曾說：「也許在很久以前，有人傷害了你，而你卻忘不了那件不愉快的往事，到現在還痛苦不堪，那就表示你還繼續在接受那個傷害。其實你是無辜的，你要瞭解到，你並不是世界上唯一有這種經驗的人。趕快忘掉這不愉快的記憶，只有寬恕才能釋放你自己，讓你鬆一口氣。」可見，我們一定要學會寬恕，因為它不僅使你遠離痛苦和不快樂，而且會使你的人生之路越來越寬。

## 心態好，一切都好

人生不如意事十之八九。生活中碰上溝溝坎坎是很正常的事，沒有什麼可歎氣的，因為這就是生活，它充滿了未知，充滿了變數。最關鍵的是要有個好心態：遇到困難不抱怨，積極尋找解決的方法；遇到順心事，不張揚，淡然處之。一個人如果有這樣的心態，那他的人生一切都會很好。

一輛冷藏車送貨到一家商場，司機停好車後，就和貨主吃飯去了。

一位搬運工人獨自卸貨，當他進到冷藏車廂後，門被風一吹，合上了。

等司機和貨主回來，不見了搬運工人，他們到處找，結果在冷藏車中找到了他。可是他早已縮成一團死去多時了。

司機便成為謀殺嫌疑人，但後來的調查顯示，當時冷藏車的冷氣根本沒有啟動，不足以致人死地，而且司機與搬運工人之間沒有任何利害關係。

經過法醫鑒定，搬運工人是被嚇死的。冷藏室的門被風吹關後，他以為自己必然會被凍死，潛意識下達了指令，他就會覺得自己很冷，結果真的

「凍」死了。

其實，這就是心態的問題。在冷藏車廂門被關上後，他如果往好的方面想：他（司機）會救我的，即使他一時來不了，只要我拚命砸門總會有人聽見的……就不會發生悲劇。與這個可憐的人不同，艾力克心態總是很好。

艾力克是個飯店經理。當有人問他近況如何時，他總是回答：「快樂無比！」

如果哪位員工心情不好，他就會告訴他（她）怎麼去選擇事物的正面。他說：「每天早上，我一醒來就對自己說，艾力克，你今天有兩種選擇，你可以選擇心情愉快，也可以選擇心情不好。我選擇心情愉快。每次有壞事情發生，你可以選擇成為一個受害者，也可以選擇從中學些東西。我選擇後者。」

有一天，艾力克忘記了關飯店後門，三個持槍歹徒闖了進來，他們在搶完錢後，還朝艾力克開了槍。

幸運的是，艾力克被人發現得早，及時送進了急診室。經過八個小時的搶救和兩個月的精心治療，艾力克出院了。

六個月後，他的一位朋友見到了他。

朋友問他近況如何，他說：「快樂無比！想不想看看我的傷疤？」

朋友看了傷疤，然後問他當時想了些什麼。

艾力克答道：「當我躺在地上時，我對自己說有兩個選擇：一是死，一是活。我選擇了活。在我被推進急診室後，我從醫生的眼中讀到了『他可能不行了』。我知道我得做些什麼。」

「那你做了什麼？」朋友問。

艾力克說：「有個護士大聲問我有沒有對什麼東西過敏。我馬上回答：有的。這時，所有的醫生、護士都停下來等我說下去。我深深吸了一口氣，然後大聲告訴他們：子彈！在一片笑聲中，我又說道：請把我當活人來醫，而不是死人。」艾力克就在這樣樂觀的精神支撐下活下來了。

這個故事告訴我們：無論情況好壞，心態一定要好，要抱著積極的態度，這樣，一切都會朝好的方向發展。如果一遇困境就急躁、慌亂，只會把自己置於更加危險的境地。

## 培養樂觀之心

樂觀本身就是一種成功，因為它表示你擁有健康的心靈，活得快樂瀟灑，活得心安理得。

你的態度決定你的心情，你的心情影響你的健康，甚至改變你一生的際遇。培養樂觀之心，凡事多往好處著想，這是心理健康的前提，也是幸福人生的關鍵。

一次，電視轉播音樂大師梅達的音樂會。梅達出場前被掛了一個花環。當他上台起勁地指揮樂隊時，花瓣紛紛落到腳下。

「等他指揮完，」一位女士議論說，「他會站在一堆可愛的花瓣之中。」

「到指揮完的時候，」女士的丈夫有點憂傷地說，「他頸上只會掛著一道繩索。」一件事情，女士樂觀，看到的結果也是樂觀的；而丈夫悲觀，看到的結果也是悲觀的。不用說，當然是女士生活得更快樂，更滿足。

美國有一個青年寫的《自傳》只有三個標點符號：「，」「！」「。」就是：「一陣橫衝直撞，落個傷心自歎！到頭來只好完蛋。」

這一份以三個標點比喻自己消極頹唐的自傳被心理學家巴爾肯知道後，把三個標點改成：「，」「……」「？」

巴爾肯鼓勵這位青年說：「青年時期是人生路上的一個小站，道路漫長，希望無邊，浪子回頭金不換，難道不應該奮發努力？」

這一改動形神兼具，寓意突出，那位青年果然振作精神，終於成材。

這個故事充分說明，樂觀心態遠比消極的心態更能夠左右人生，更能催人奮進，獲取成功。

雖然生活中不盡如人意的事情很多，我們仍應該以樂觀的態度去看待，這樣生活中就會少一分憂慮，多一分開心。以後，如果遇到以下類似的事，你不妨這樣看待：

火柴在你的衣袋裡著起火來了，你應當高興，而且感謝上蒼：多虧衣袋不是火藥庫。

窮親戚上門來找你，不要臉色發白，而要喜洋洋地叫道：「挺好，幸虧來的不是員警！」

手指頭扎了一根刺，你應當高興：挺好，多虧這根刺不是扎在眼睛裡！

妻子或者孩子練鋼琴，不要發脾氣，而要感激這份福氣：你是在聽音樂，而不是在聽狼嗥或者貓的音樂會。

拔牙時，醫生錯拔了好牙而留下了壞牙，那你也應該高興，幸虧他拔錯的是一顆牙，而不是內臟器官。

挨了別人一頓棍子打，那就該慶幸：「我多運氣，人家總算沒有拿帶刺的棒子打我！」

你正在走路，突然掉進一個泥坑，出來後你成了一個「泥」人，你應該高興，幸虧掉進的是泥坑，而不是沼澤。

如此下去，你會發現，生活是其樂無窮的。有了這樣的樂觀心態，你身邊的世界也會跟著變成你所期望的模樣。

## 學會調整自己的心態

在我們的一生中，有時會遭遇失業、失戀、生意破產、患病等意外打擊，陷入短暫的人生低谷。這個時候，你會怎麼做？是怨天尤人，消沉下去，還是調整心態，從另外一個角度去看待這些不如意的事情呢？如果是後者，總有一天你能擺脫困境，走出人生的低谷。

梅西年輕時出過海，後來開了一間小雜貨鋪，賣些針線。因為生意冷清鋪子很快就倒閉了。一年後他另開了一家小雜貨鋪，仍以失敗告終。

在淘金熱席捲全國時，梅西在加利福尼亞開了個小飯館，本以為供應淘金客膳食是穩賺不賠的買賣，豈料多數淘金者一無所獲，什麼也買不起，這樣一來，小飯館又倒閉了。

回到麻塞諸塞州之後，梅西滿懷信心地做起了布匹服裝生意，可是這一回他不只是倒閉，簡直是徹底破產，賠了個精光。面對再一次的打擊，他很快調整心態，從低谷中振作起來。

他又滿懷信心地跑到新英格蘭做布匹服裝生意。這一回他把買賣做得很靈活，甚至把生意做到了街上商店，但是頭一天開張帳面上只收入十一美元。

梅西依然沒有放棄，他總結以往生意失敗的教訓，及時調整策略，經過堅持不懈地努力，最終梅西成功了。現在位於曼哈頓中心地區的梅西公司已經成為世界上最大的百貨商店之一，而他也被人稱為「美國百貨大王」。

面對失敗，雖然梅西也有過短暫的傷心，但是他能及時調整自己的心態。他沒有將失敗看作是對自己的打擊，而是將它們看作是成功的墊腳石。他認為，失敗的次數越多，說明自己越接近成功，結果他成功了。

像梅西一樣，詹姆士•卡什•彭尼也是屢遭失敗，但同樣獲得了成功。

彭尼在密蘇里州長大。高中畢業後在一家布匹服裝店當了十個月的小夥計，共得薪水廿五美元。彭尼的身體不好，醫生勸他到戶外活動活動。於是彭尼辭職前往科羅拉多州，幹起了零售商的行當，他把歷年所得全投進了一家小肉鋪。

肉鋪的最大主顧是當地一家旅館。這旅館的廚頭兼採買是個嗜酒如命的人。有一天他跟年輕的彭尼說，以後只要彭尼每星期白送他一瓶威士忌，他就把整個旅館的生意包給彭尼做。彭尼不幹，認為這是賄賂。於是他們之間的生意從此斷絕，彭尼的小店也開不下去了。

不得已，彭尼只好再去當地一家布匹服裝店當店員。他以行動和語言說通了這家商店的兩名店主，讓他當第三名合夥人，即由他出一筆錢，加上原店的部分資金存貨，由他單獨去經營一個新店。這個主意就是聯營的最初思路。

過了幾年，彭尼開始了他自家的聯營商店生意。他允許雇員享有自己從前曾經享有的權利。當彭尼的聯營商店發展到三十四家時，彭尼公司誕生了。如今，這家公司已擁有兩千四百家分店。

梅西和彭尼的經歷告訴我們：生活中，當你似乎已經走到山窮水盡的絕境時，只要不讓自己的心情進入糟糕的狀態，你總有一天能夠從低谷中走出來。

## 工作是為了自己

學者一日在外散步，看見一個員警愁眉苦臉地，就問：「怎麼了？有什麼事情讓你煩惱嗎？」

員警回答說：「我一天到晚地巡邏只有十五美元，這樣的工作簡直是在浪費時間。」

後來一個灰頭土臉的掃煙囪的人走過來，學者覺得他很快樂，就問他：「你一天能有多少收入？」

掃煙囪的人回答：「五美元。」

學者又繼續問：「一天才拿五美元，你為什麼這麼快樂？」

掃煙囪的人驚訝地說：「為什麼不呢？」

員警鄙視地說：「只有垃圾才愛幹垃圾的工作。」

學者嚴肅地說：「你錯了，員警先生，他在幹著使自己愉悅的工作，但是你卻每天被工作奴役著，他的人生一定比你更精彩！」

其實，在職場中，經常有這樣的一些人，他們每天在茫然中上班、下班，到了固定的日子領回自己的薪水，高興一番或者抱怨一番之後，仍然茫然地去上班、下班，等待下一個月薪水的到來……

這些人從不思索關於工作的問題：什麼是工作？在為誰而工作？為什麼而工作？可以想像，這樣的人只是被動地應付工作，為了工作而工作，不可能在工作中投入自己全部的熱情和智慧。他們只是在機械地完成任務，而不是為自己的前途、為自己的人生發展而工作。

為金錢而工作，工作只能索然無味。但為自己工作，工作能給你輕鬆愉快的心情，而且人們也會更加重視你，仰慕你。因為你的付出帶給別人快樂，使別人從中獲得利益，也實現了你自己的人生價值。

從表面上看，你每天的工作，就是在為公司招攬業務、贏取利潤而忙碌。實際上，身處在公司這個系統中，公司支付給你的工作報酬固然是金錢，但你在工作中給予自己的報酬則是珍貴的經驗、良好的訓練、才能的表現和品格的歷練。這些東西與金錢相比，其價值要高出千萬倍。

工作是你提升自己、成就自己的舞台，你的表演越出色，鮮花和掌聲就會越多。所以，儘快放棄那種為了薪水而工作的念頭吧，它是你成功路上最大的絆腳石！記住：你不只在為公司工作，你更是在為自己工作。

## 不為失去而惋惜

安徒生的童話大多是寫給孩子看的，淺顯易懂，但是他那篇《老頭子總是不會錯》的童話故事，卻也值得成年人一讀，特別是那些整天為車子、房子、票子而拚命奔波，將自己弄得身心俱疲的人，更應該靜下心來好好品味一番。看看童話中老太太的心態，一定會對你有所啟發的。

鄉村有一對清貧的老夫婦。有一天，他們想把家中唯一值點錢的一匹馬拉到市集上去換點更有用的東西。於是，老頭子牽著馬去趕集了。

在市集上，老頭子先與人換得一頭母牛，又用母牛去換了一隻羊，再用羊換來一隻肥鵝，又把鵝換了母雞，最後用母雞換了別人的一大袋爛蘋果。每次交換，老頭子都想給老伴一個驚喜。

當老頭子扛著那一大袋子爛蘋果來到一家小酒店歇息時，遇上兩個英國人。閒聊中老頭子談了自己趕集的經過。

兩個英國人聽後，哈哈大笑，說：「老先生，你回去准得挨您妻子的一頓揍。」

老頭子堅稱絕對不會，英國人就用一袋金幣打賭。於是，兩個英國人和老頭子一起回到老頭子家中。

老太婆見老頭子回來了，非常高興，她興奮地聽著老頭子講趕集的經過。每聽老頭子講到用一種東西換了另一種東西時，她都充滿了對老頭子的欽佩。她嘴裡不時地說著：「哦，我們有牛奶喝了！」「羊奶也不錯。」「哦，鵝毛真漂亮呀！」「哦，這回我們有雞蛋吃了！」

最後，聽到老頭子背回一袋已經開始腐爛的蘋果時，她同樣不慍不惱，大聲說：「我們今晚就可以吃到香甜的蘋果餡餅了！」

結果，兩個英國人輸掉了一袋金幣。

一位哲人說：「聰明的人永遠不會坐在那裡為他們的損失而悲傷，卻會很高興地找出辦法彌補他們的創傷。」生活中，我們也會經常失去某種東西，這時如果能有童話中老太太那樣的心態——不為失去而惋惜，那麼，你的生活將會減少很多煩惱。

# 活著，就有希望

生活中，我們不管遇到什麼情形，都不要給輕生以任何美麗的藉口。假使愛情破損，殉情又有何用？假使身體殘缺，自殺能換來完整嗎？假使親人離去，輕生能讓死去的人重生嗎？假使壓力讓你不堪重負，死亡果真是最大的解脫嗎？不！輕生不過是逃避而已！在可以活著的時候選擇死亡，放棄生命，是懦弱的表現。生命不可能有兩次，但很多人連僅有的一次生命也不懂得善加對待。這，不能不說是一種悲哀。

有一天，有個老人在山上撿拾到很多柴火，高高地疊成了兩大摞。

老人挑起沉沉的擔子，十分吃力地往山下走去。在蜿蜒曲折的山路上不知走了多遠，老人累得氣喘吁吁。

一路上他疲倦極了，恨不得把擔子扔下山谷，撒手不管了。他開始呻吟起來：「死神啊，幫我解脫了吧！」老人一邊捶著痠痛的腰板，一邊呻吟。

聽到老人的呻吟後，死神果真出現在老人身邊，問：「老人家，你需要我的幫忙？不想擔負這擔柴火了，是嗎？我可以讓你不用挑任何擔子，而且永遠都不用。」

老人抬頭看了看死神，連忙改口說：「不，不，剛才我只是瞎說，儘管我已精疲力竭，你還是把那擔子放在我肩上吧。」

「你怎麼變得這麼快呢？」

「因為從看見你的這一刻起，我決定更加珍惜我的生命，我知道，在我前面還有很長的路等我走呢。」

只有經歷過死亡威脅的人才能真正體味生命的珍貴，才能更加珍惜生命。生命之所以寶貴，就在於它只有一次，唯一的一次。所以，不論遇到怎樣的困境，都必須選擇活下去，好好地、努力地活下去。即使遭遇了人世間最大的不幸，能夠解決一切困難的前提是——活著。因為只有活著，困境才會有轉機，你才能有機會看到美好的未來。

## 衝破心中的瓶頸

所謂瓶頸，其實就是心理作用，束縛你走向成功的障礙。一個人，只要衝破心中的瓶頸，就可以掃除一切障礙。

慧忠禪師是唐肅宗年間有名的禪師。有一個人給慧忠禪師當了三十年侍者，一直任勞任怨，忠心耿耿。慧忠禪師非常看重他的人品，所以想要幫助他早日開悟。

有一天，慧忠禪師像以前一樣喊道：「侍者！」

侍者聽到慧忠禪師叫他，以為有什麼事情要他做，於是馬上回答道：「禪師！需要我做什麼嗎？」

慧忠禪師聽到他這樣回答後說：「沒什麼要你做的事情。」

過了一會兒，慧忠禪師又喊道：「侍者！」

侍者馬上回答道：「禪師！需要我做什麼嗎？」

慧忠禪師回答他：「沒什麼要你做的事情。」

這樣反覆了幾次以後，慧忠禪師喊道：「大師！大師！」

侍者聽到慧忠禪師這樣喊，感到十分納悶，於是問道：「禪師，您在叫誰呀？」

慧忠禪師說：「我叫的就是你呀！」

侍者莫名其妙地問：「我不是大師，而是你的侍者呀！難道你糊塗了嗎？」

慧忠禪師看他毫不理解，便繼續說：「沒有一成不變的侍者，也沒有一成不變的大師……」

不等慧忠禪師的話說完，侍者急忙表示：「禪師！無論什麼時候，我永遠都不會辜負你，我永遠都是你最忠實的侍者，任何時候都不會改變！」

慧忠禪師神情嚴肅地說：「我的良苦用心，你卻完全不明白。你還說不辜負我，實際上你已經辜負我了。你只承認自己是侍者，而不承認自己是大師。其實，侍者與大師並沒有什麼不可逾越的鴻溝，侍者之所以為侍者，就是因為侍者從來不承認自己能成長為大師，這實在是太令人遺憾了！」

說完，慧忠禪師拿出了早已備好的條幅送給侍者，上面寫道：「心，靈物也。不用則常存，小用則小成，中用則中成，大用則大成，變用則至於神。」

侍者醒悟：侍者、大師全在於心。從此以後，侍者時時刻刻以慧忠禪師為楷模，終於修煉成一名德高望重的禪師。

一個人貧窮點沒有關係，地位低些也沒關係，長相醜陋也沒關係，這些外在的因素是可以改變的，關鍵是能否突破心理障礙，不將自己定格在貧窮、地位低下、長相醜陋上。

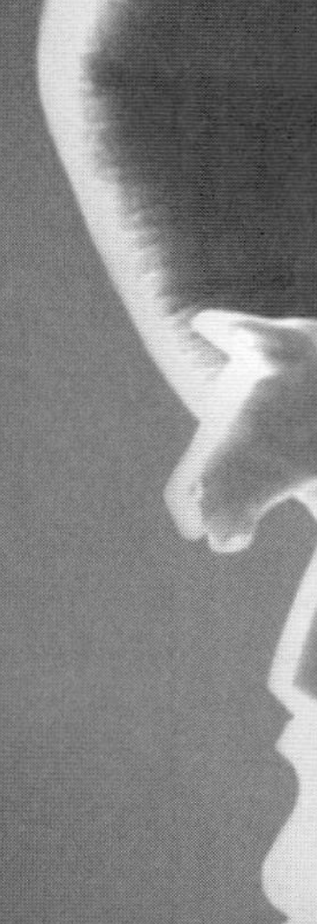

第五章

# 選擇改變

未來什麼樣的選擇會決定未來有什麼樣的結果，
品味人生，最大的愉快莫過於做出選擇，
最大的痛苦也莫過於做出選擇。
所以，我們更要學會選擇，懂得取捨。

## 選擇決定未來

選擇，決定著你未來的生活，你未來的人生，你未來的工作，你未來的伴侶……你未來的一切。既然如此，那我們為什麼不選擇生活得自信一些，而不是過於羞怯；為什麼不選擇生活得積極一些，而不是消極看待事物；為什麼不選擇努力改變現狀，而不是抱怨……

鄧蒲賽一出生就只有半隻左腳和一隻畸形的右手，但他從來沒有把自己當成殘疾人，也沒有為自己的殘疾而感到自卑。因為媽媽從他很小就對他說：「鄧蒲賽，你可以選擇像正常人一樣生活，也可以選擇將自己劃歸為殘疾人的行列，這完全在你自己。」鄧蒲賽選擇了前者——像正常人一樣生活。結果，他能做到任何健全男孩所能做的事。

高中時，鄧蒲賽學踢橄欖球，他發現，自己能把球踢得比別的男孩子都遠。他請人為他專門設計了一隻鞋子，參加了踢球測驗，並且得到了衝鋒隊的一份合約。

但是，衝鋒隊的教練卻婉轉地告訴鄧蒲賽，說他「不具備做職業橄欖球員的條件」，勸他去試試其他的行業。最後鄧蒲賽申請加入新奧爾良聖徒球隊，並且請求教練給他一次機會。聖徒隊教練雖然心存疑慮，但是看到這個孩子這麼自信，對他有了好感，給了他加入球隊的機會。

兩個星期之後，教練對他的好感加深了，因為他在一次友誼賽中踢出了五十五碼，並且為本隊掙到得分。這使他獲得了專門為聖徒隊踢球的工作，而且在那一賽季中他為球隊掙得了九十九分。

鄧蒲賽一生中最重要的一次比賽到來了。那天，球場上坐了六萬六千名球迷。球是在廿八碼線上，比賽只剩下一分鐘。這時球隊把球推進到四十五碼線上。「鄧蒲賽，進場踢球。」教練大聲說。

球傳接得很好，鄧蒲賽一腳全力踢在球身上，球筆直地前進。觀眾屏住呼吸觀看，球在球門橫杆之上幾英寸的地方越過，接著終端得分線上的裁判舉起雙手，表示得了三分，鄧蒲賽的球隊以十九比十七獲勝。

觀看的觀眾幾乎瘋狂了，他們被鄧蒲賽創造的奇蹟震撼了，很多人淚如雨下。因為這個「極限球」是一個只有半隻左腳和一隻畸形的手的球員踢出來的！

談到成功，鄧蒲賽說：「我從來不認為我有什麼不能做的，雖然上帝僅給了我半隻腳和一隻畸形的手，但我要改變我的命運！」

你也可以改變命運，像鄧蒲賽一樣選擇自己決定自己的未來。關鍵的是在你選擇的時候，首先要認識到自己需要什麼，根據自己的需要制訂合理的計畫，腳踏實地地踐行自己的計畫，成功就會在不遠處等你。

# 人生是一種選擇

當你做了一種選擇，就必然失去體驗其他選擇的可能。就像走路一樣，你不可能有分身術同時走另外一條路。選擇路可能是大多數人走的普通路，也可能是一條新路。選擇前者，你也許會風平浪靜，但同時，你也選擇了一種平凡的人生。選擇後者，你可能成為開路的先鋒，但同時，你可能會面對很多意想不到的問題。

有三個人，一個是美國人，一個是法國人，一個是猶太人，他們要被關進監獄三年，監獄長讓他們對自己的監獄生活做出一個選擇。

美國人愛抽雪茄，要了三箱雪茄。

法國人最浪漫，要了一個美麗的女子。

而猶太人說，我要一部與外界溝通的電話。

三年過後，第一個衝出來的是美國人，嘴裡鼻孔裡塞滿了雪茄，大喊道：「給我火，給我火！」原來他忘了要火了。

接著出來的是法國人。只見他手裡抱著一個孩子，美麗的女子手裡牽著一個孩子，她肚子裡還懷著一個孩子。

選擇決定命運最後出來的是猶太人，他緊緊握住監獄長的手說：「這三年來我每天與外界聯繫，我的生意不但沒有停頓，利潤反而增長了百分之兩百，為了表示感謝，我送你一輛勞斯萊斯！」

由此可見，我們並不是依靠任何機遇而活著，而是依靠我們的選擇來活著，我們有什麼樣的選擇，就會有什麼樣的人生。你今天所過的生活，是由你很多個選擇所產生的結果。因此，慎重對待你所面對的選擇機會，正是無數的選擇組成了你的人生。

## 生活的一切取決於自己

你是否抱怨自己的生活？看看下面的故事，相信你會有所收穫。

一個滿腦子發財夢的年輕小夥子，隻身來到大城市裡尋找工作，期望能在這個充滿機遇的都市裡實現自己的夢想。他以為可以很快找到輕鬆又高薪的工作，但事實不然，他一再受挫，不僅連面談的機會都沒有，最後連帶來的錢都用完了，只能露宿街頭。

在某個寒冷的傍晚，他蜷縮在街邊打盹，落魄而邋遢的模樣一如街角的乞丐。這時，有個路過的婦人同情地丟給了他一塊錢，當他準備伸手撿起來時，沒想到身邊一個擦皮鞋的女孩，居然搶先一步撿起了鈔票。

小夥子一看，氣呼呼地喊道：「這是我的！」沒想到女孩回到原位，完全不理會他的怒罵。

小夥子生氣地站了起來，與女孩爭執，女孩一副義正詞嚴的態度，質問說：「你憑什麼拿這個錢？那位婦人為什麼要給你錢？難道你是……乞丐嗎？」這時，女孩冷笑了一聲，斜睨著他，又說：「這樣吧，如果你承認自己是乞丐，我就還你這一塊錢。」

「我是乞丐？我怎麼會是乞丐？」他認為女孩故意在嘲諷他，為了捍衛尊嚴，他只有選擇放棄。

然而，當他準備轉身離開時，女孩卻叫住了他：「我知道你已經餓壞了，這樣吧，我借給你工具十分鐘，這十分鐘內你所賺的錢，全部都歸你。」

小夥子回頭看了看女孩，以為她又想玩什麼花招，卻見女孩滿臉誠懇地說：「我是說真的，接受我的建議吧！這個接受和這一塊錢不同，因為，一個是施捨，一個是靠自己的力量。」

小夥子聽後，心頭一震。於是，他選擇靠自己的力量掙錢，結果十分鐘時間他賺得了三塊錢，雖然只有三塊錢，但是用這三塊錢買來的兩塊麵包，滋味卻是前所未有的。狼吞虎嚥吃完兩塊麵包之後，小夥子吞吞吐吐地向女孩提出了一個請求：「能不能……你能不能再幫幫我，幫我買一套擦皮鞋的工具……我也想擦皮鞋。」女孩笑了笑，接著點了點頭。

第二天，擦皮鞋的女孩身邊多了一個擦皮鞋的小夥子。幾年後，人們再見到這對擦鞋匠，他們不僅成了夫妻，更是一家皮鞋公司的老闆和老闆娘。

這個故事告訴我們：生活要靠自己去改變或創造。英國作家薩克雷有句名言：「生活是一面鏡子，你對它笑，它就對你笑；你對它哭，他也對你哭。」你生活的一切，都取決於你自己如何把握。

## 成功的選擇在於自己

二〇〇一年五月，美國內華達州的麥迪森中學在入學考試時出了這麼一個題目：

比爾．蓋茨的辦公桌上有五只帶鎖的抽屜，分別貼著財富、興趣、幸福、榮譽、成功五個標籤；蓋茨總是只帶一把鑰匙，而把其他的四把鎖在抽屜裡，請問蓋茨帶的是哪一把鑰匙？其他的四把鎖在哪一隻或哪幾隻抽屜裡？

一位剛移民美國的英國學生，恰巧趕上這場考試，看到這個題目後，一下慌了手腳，因為他不知道它到底是一道英文題還是一道數學題。考試結束，他去問他的擔保人——該校的一名理事。理事告訴他，那是一道智慧測試題，內容不在書本上，也沒有標準答案，每個人都可根據自己的理解自由地回答，但是老師有權根據他的觀點給一個分數。

這位英國學生在這道九分的題上得了五分。老師認為，他沒答一個字，至少說明他是誠實的，憑這一點應該給一半以上的分數。讓他不能理解的是，他的同桌回答了這個題目，卻僅得了一分。後來才知道同桌的答案是，蓋茨帶的是財富抽屜上的鑰匙，其他的鑰匙都鎖在這只抽屜裡。後來，這道題通過電子郵箱被發回了這位英國學生原來所在的學校。這位學生在郵件中對同學們說，現在我已知道蓋茨帶的是哪一把鑰匙，凡是回答這把鑰匙的，都得到了這位大富豪的肯定和讚賞，你們是否願意測試一下，說不定從中還會得到一些啟發。

同學們到底給出了多少種答案，我們不得而知。但是，據說有一位聰明的同學登上了美國麥迪森中學的網頁，他在該網頁上發出了比爾・蓋茨給該校的回函。

函件上寫著這麼一句話：

在你最感興趣的事物上，隱藏著你人生的秘密。

成功，代表財富，代表著鮮花和掌聲，代表著榮譽，代表著價值……總之代表著一切美好的事物。既然成功如此美好，那怎樣才能成功呢？

有的人說，要努力奮鬥；有的人說，要有目標；有的人說，要有信念；有的人說，要有貴人幫助……這些，其實只是成功的要素之一，是成功的標而非本。成功的本，是你首先得在內心嚮往成功，選擇成功。

沒有這個前提，你的努力、目標、信念，等等，就是無根之草，很容易枯死。

# 在別人放棄時，再堅持一秒

很多時候，成功都是在最後一刻才蹣跚到來。因此，無論做任何事，我們都不應半途而廢，哪怕前行的道路再苦再難，也要堅持下去，這樣才不會在自己的人生裡留下太多的遺憾。仔細閱讀下面的故事，你就會理解這段話的含義。

兩個探險者迷失在茫茫的戈壁灘上，由於長時間缺水，他們的嘴唇裂開了一道道的血口，如果繼續缺水，兩個人只能活活渴死。

年長些的探險者從同伴手中拿過空水壺，鄭重地說：「我去找水，你在這裡等著我。」說完，他從行囊中拿出一支手槍遞給同伴，說：「這裡有六顆子彈，每隔兩個小時你就放一槍，這樣當我找到水後就不會迷失方向，就可以循著槍聲找到你，千萬要記住了。」看著同伴點了頭，他才蹣跚而去。

等待，是漫長而痛苦的，尤其是對於這個還很年輕的人來說，因為他不知道自己的同伴能否找得到水，也不知道找到水的同伴能否找得到他。

時間在悄悄地過去，每鳴放一槍，他心中的弦就好像斷掉了一根，十個小時過去了，槍膛裡僅剩下最後一顆子彈，還是未見到同伴的蹤影。

「他一定被風沙淹沒了，或者找到水後撇下我一個人走了……」年輕的探險者絕望地想著，數著分，數著秒，焦灼地等待著。口渴和恐懼伴隨著絕望潮水般充盈了他的腦海，他似乎嗅到了死亡的氣息，感到死神正面目猙獰地向他緊逼而來……

放槍的時間到了，年輕的探險者扣動扳機，將最後一顆子彈射出。只不過，這一次他不是射向天空，而是他自己的腦袋。

聽到最後的槍聲，年長的探險者確定了方向，當他帶著滿滿的兩大壺水循聲趕來的時候，看到的卻是同伴的屍體。

年輕的探險者是不幸的，因為他放棄了堅持，同時也就放棄了自己寶貴的生命。事情往往就是這樣：在最接近成功邊緣的時候，我們的身體也接近了極限，精神也承受著最後的考驗，很多人在這最後的時刻沒有堅持住，跌倒在了成功的門前，成功成了觸手可及但卻摸不到的遺憾。

堅持，堅持，在別人放棄的時候，再堅持一秒，成功就會屬於你。

# 人生也有正面和背面

一位心理學家說：「心態是橫在人生之路上的雙向門，人可以把它轉到一邊，進入成功；也可以把它轉到另一邊，進入失敗。」

如同一枚硬幣的兩面，人生也有正面和背面。光明、希望、愉快、幸福……這是人生的正面；黑暗、絕望、憂愁、不幸……這是人生的背面。

古時候有一位將軍，帶兵打仗很是厲害。有一次，在面對實力比他的軍隊強十倍的敵人時，他決心打勝這場硬仗，但其部下卻表示懷疑。

將軍在帶隊前進的途中讓眾將士在一座關帝廟前停下。他對將士說：「讓我們在關帝面前投錢問卜。如果正面朝上，就表示我們會贏，否則就是輸，我們就撤退。」眾將士表示同意。

將軍進入廟裡，默默禱告了一會兒，然後當著眾將士的面投下一枚錢幣。所有將士都睜大了眼睛看——正面朝上！大家歡呼起來，人人充滿勇氣和信心，恨不能馬上就投入戰鬥。

結果，他們士氣高昂地投入戰鬥，從氣勢上就壓倒了敵人，再利用將軍提前擬定的戰鬥策略奮力拚搏，最後真的勝利了。

一位部下說：「感謝神的幫助。」

將軍說道：「是你們自己打贏了戰鬥。」

他拿出那枚問卜的錢幣——兩面都是正面。

這個故事告訴我們：你要想贏得人生，心態就不能總在消極的狀態，那只會使你沮喪、自卑、煩惱，還會影響你的健康。結果，你的人生就可能被失敗的陰影遮蔽了它本該有的光輝。

你聽說過「兩個女人一條腿」的故事嗎？她們一個叫艾美，是美國女孩；另一個叫希茜，是英國女孩。她們聰明、美貌，但都有殘疾。

艾美出生時兩腿沒有腓骨。一歲時，她的父母做出了充滿勇氣但備受爭議的決定：截去艾美膝蓋以下的部位。艾美一直在父母的懷抱和輪椅中生活。後來，她裝上了假肢，憑著驚人的毅力，她現在能跑、能跳舞和滑冰。她經常在女子學校和殘疾人會議上演講，還做模特兒，頻頻成為時裝雜誌的封面。

與艾美不同的是，希茜並非天生殘疾，她曾參加英國《每日鏡報》的「夢幻女郎」選美，並一舉奪冠。一九九〇年她赴南斯拉夫旅遊，決定僑居異國。內戰期間，她幫助設立難民營，並用做模特兒賺來的錢設立希茜基金，幫助因戰爭致殘的兒童和孤兒。

一九九三年八月，在倫敦她被一輛警車撞倒，肋骨斷裂，還失去左腿，但她沒有被這一不幸所擊垮。她後來奔走於車臣、柬埔寨，像戴安娜王妃一樣呼籲禁雷，為殘疾人爭取權益。

也許是一種緣分，希茜與艾美在一次會見國際著名假肢專家時相識。她們現在情同姐妹。她們雖然肢體不全，但不覺得這是什麼了不得的人生憾事，反而覺得這種奇特的人生體驗給了她們堅忍的意志和生命力。

她們現在使用著假肢，行動自如。但在坐飛機經過海關檢測時，金屬腿常引發警報器鈴聲大作。只有在這時，才顯出兩位大美人的腿與眾不同。只要不掀開遮蓋著膝蓋的裙子，幾乎沒有人能看出兩位美女套著假肢。她們常受到人們的讚歎：「你的腿形真美，看這曲線，看這腳踝，看這腳趾甲塗得多鮮紅！」

艾美說：「我雖然截去雙腿，但我和世界上任何女性沒有什麼不同。我愛打扮，希望自己更有女人味。」

她們幾乎忘了自己是殘疾人。她們沒有工夫去自怨自艾，人生在她們眼裡是那麼美好。也有異性在追求她們，她們和別的肢體健全的女子一樣，也有著自己的愛情。

如果你現在也面臨不幸，請展開你緊皺的眉頭吧，不要深陷愁苦的陷阱中無法自拔。看看希茜和艾美，你還有什麼可消沉的。

## 選擇幸福，你就會幸福

選擇幸福，是一件很簡單的事情，只要你願意。亞伯拉罕・林肯曾說：「人們如果下定決心要擁有幸福，他就會擁有幸福。」換言之，如果你選擇不幸，你就會變得不幸。

一位因買房而成為「負翁」的人問快樂的鄰居：「你為什麼這麼幸福呢？你不是和我一樣也成為『房奴』了嗎？你一定有創造幸福的不可思議的秘訣吧！」

「不，不，我只是選擇『幸福』而已。」鄰居樂呵呵地說。

一位貧窮的農民，他常年居住的地方是漆黑的窯洞，頓頓吃的是玉米、馬鈴薯，家裡最值錢的東西就是一個櫃子。可他整天無憂無慮，早上唱著山歌去幹活，太陽落山又唱著山歌走回家。他的鄰居都不明白，他為何如此快樂。

「我渴了有水喝，餓了有飯吃，夏天住在窯洞裡不用電扇，冬天熱乎乎的炕頭勝過暖氣，日子過得美極了！」農民回答說。

這位農民很知足，珍惜自己所擁有的一切，從不為自己欠缺的東西而苦惱，這就是他能感受到幸福的真正原因。

事實上，我們絕大多數人所擁有的，比這位農民的何止多十倍，百倍？但還是沒有幸福感。我們習慣於到處尋找幸福的秘訣，卻不知幸福就在我們平常的日子中。如果你一味追求物質上的富有，就容易將幸福的真諦忽略。

選擇幸福的人，不會在意擁有多少金錢，不會在意職位的高低，不會在意住房的面積。他們相信這樣一句話：「不計算已經失去的東西，多數數現在剩下的東西。」

## 懂得取捨，才能把握命運

黑夜裡，一頭狼不小心踩上了獵人布下的鐵夾子，一條前腿被夾住了。牠拚命地掙扎，卻無濟於事。眼看天快亮了，狼知道獵人快來查看鐵夾子了，便不再做無用的掙扎，而是毫不猶豫地咬斷了那條被夾住的前腿，一跛一拐地逃走了。這隻狼是聰明的，理性的，因為牠懂得取捨，牠放棄了一條腿，換來的卻是自己的命。

其實，在我們得到一些東西的時候，往往也失去一些東西。比如，有的人拚命掙錢得到了財富，卻失去了健康；苦苦追求得到了愛情，卻失去了往日的自由……這，也就是古人所說的「魚和熊掌不可兼得」，也是在告訴我們，人要懂得取捨，才能把握命運。深山裡有兩塊石頭，為了敘述方便，我們暫且叫它們石頭甲與石頭乙。

一天，石頭甲對石頭乙說：「去經一經路途的艱險坎坷和世事的磕磕碰碰吧，能夠搏一搏，不枉來此世一遭。」

「何苦呢，」石頭乙嗤之以鼻，「我每天都被周圍的花草簇擁著，被溫暖的陽光照耀著，這樣的日子太愜意了！誰會那麼愚蠢地在享樂和磨難之間選擇後者，再說那路途的艱險磨難肯定會讓我粉身碎骨的！」

於是，石頭甲告別石頭乙，隨著山溪滾湧而下，歷盡了風雨和大自然的磨難，它依然義無反顧執著地在自己的路途上不停奔波。

石頭乙很是愜意，它在高山上享受著安逸和幸福，享受著周圍花草簇擁的舒懷暢意，享受著盤古開天闢地時留下的那些美好的景觀。

若干年後，飽經風霜、歷盡磨難及塵世之千錘百煉的石頭甲和它的家族已經成了世間的珍品、石藝的奇葩，被千萬人觀賞讚美、享盡了人間的富貴榮華。

石頭乙知道後，有些後悔，後悔當初沒有聽從石頭甲的勸告。現在它想投入到世間風塵的洗禮中，然後得到像石頭甲那樣的成功和高貴，可是一想到要經歷那麼多的坎坷和磨難，甚至瘡痍滿目、傷痕累累，還有粉身碎骨的危險，便又退縮了。

一天，人們為了更好地珍藏那石藝的奇葩，準備為它修建一座精美別致、氣勢雄偉的博物館，建造材料全部用石頭。於是，工匠們來到高山上，把石頭乙粉了身碎了骨，給石頭甲蓋起了房子。

石頭甲選擇了艱難坎坷，放棄了暫時的享樂，所以它成了石藝中的珍品，石頭乙貪圖一時之享受，不願經歷痛苦，最後落得粉身碎骨。

從這個寓言中我們不難看出，有選擇，就要有放棄。石頭甲放棄了享樂，選擇去歷練，因為他想讓自己的人生更豐富，不想枉來此世一遭；而石頭乙，害怕坎坷和磨難，所以選擇過安逸的生活。選擇不同，命運當然不同，一個成了珍品，一個成了砌牆的石料。

# 放棄是明智的選擇

現實中，當面對選擇而不得不放棄一些東西時，很多人會有一千個不捨，一萬個不願，總認為放棄就是失去，就是輸。但是，明智的人則認為放棄是明智的選擇。明智者相信，放棄是選擇的跨越，學會放棄才會有更好的選擇。

作為二十世紀風靡華語閱讀圈的香港女作家，又是香港商界和出版界的女強人，頗具傳奇色彩的梁鳳儀說：「如非要我選擇，我想我最願意做的還是家庭主婦，其次是商人，最後才是作家。」

原來，事業上，她獲得了成功，文學上，她創造了奇蹟，但她也有坎坷與不幸。梁鳳儀與前夫何文匯結識於一次戲劇沙龍，並且一見鍾情，兩人於一九七二年走進了婚姻的殿堂。婚後又一起到英國繼續進修學習。一九七五年，梁鳳儀回港加盟佳藝電視台任編劇。然而，由於自己的性格不太適合娛樂圈的環境，加上當時香港工商業發展十分繁榮，梁鳳儀便辭去了工作，開始自主創業。從最初開創碧利菲傭公司到後來加盟新鴻基證券集團，梁鳳儀的事業取得了巨大的成功。

然而，當梁鳳儀在商海縱橫馳騁的時候，她的婚姻亮起了紅燈，其主要原因是一直從事學術研究的丈夫與她在價值觀、人生觀上產生了嚴重的分歧。梁鳳儀是一個家庭觀念極重的人，她非常愛自己的丈夫，為了家庭，她毅然選擇了辭去新鴻基的職務，並迅速辦理好了移民手續，回到了丈夫身邊，以挽救瀕臨破裂的婚姻。但是，梁鳳儀所有的努力都失敗了。一九八五年，梁鳳儀與丈夫離婚。

面對這樣的結局，梁鳳儀極為痛苦，甚至懷疑自己是不是一個值得別人愛的女人。在痛苦之餘，梁鳳儀進行了深刻的反思，她雖然留戀那段婚姻，但她清楚地認識到，既然婚姻已失敗，再怎麼痛苦、歎息都無濟於事，還不如把精力轉移到其他方面，她還有很多的事情要做。

梁鳳儀慢慢走出了情感的低谷，她加入了香港聯合交易所並負責創立國際事務部門，這標誌著梁鳳儀的事業又進入了一個新的里程碑。

梁鳳儀為了挽救婚姻，放棄了如日中天的事業，但婚姻還是解體了。一般人在這種情況下，肯定是不甘心，甚至是悲痛得失去理性，但是梁鳳儀卻通過反思，認識到了自己到底應該選擇什麼，放棄什麼，這也是她能很快走出低谷、重攀事業高峰的關鍵。懂得放棄，是做人的一種智慧，也是一種境界。不過，要做到智慧地放棄，對於我們平凡人來說，並不是一件容易的事。但是當一份感情或者某種東西不再屬於你時，就應該果斷地放棄，做決定時雖然很痛苦，但痛苦過後，迎接你的是更加絢麗的未來。

## 心甘情願地選擇

一件事情是否出於自己的選擇，會深深影響我們對其後果的認知。如果你的人生都是來自於你心甘情願的選擇，或者能夠將它們視為是你「心甘情願的選擇」，那麼即使生活再苦再難，你也會有幸福的感覺。看看下面的故事，相信它會給你很好的啟示。

古時有一個商人，在很小的時候父母就去世了，他成了一名孤兒，流浪街頭，受盡磨難。後來經過自己的奮鬥，他終於創下了一份不菲的家業，但那時他自己也已經到了人生暮年，該考慮辭世後的安排了。

他膝下有兩子，風華正茂，一樣的聰明，一樣的踏實能幹。幾乎所有的人包括他自己，都認為應該把財產一分為二，平分給兩個兒子。但是，在最後一刻，他改變了主意。

他把兩個兒子叫到床前，從枕頭底下拿出一把鑰匙，抬起頭，緩慢而清楚地說道：「我一生所賺得的財富，都鎖在這個箱子裡。可是現在，我只能把這把鑰匙給你們兄弟二人中的一個。」

兄弟倆驚訝地看著父親，幾乎異口同聲地問道：「為什麼？這太殘忍了！」

「是，是有些殘忍，但將來你們就明白我的用心了。」父親停了一下，繼續說道：「現在，我讓你們自己選擇。選擇這把鑰匙的人，必須承擔起家庭的責任，按照我的意願和方式，去經營和管理這些財富；拒絕這把鑰匙的人，不必承擔任何責任，生命完全屬於你自己，你可以按照自己的意願和方式，去賺取我箱子以外的財富。」

兄弟倆聽完，心裡開始有了動搖。接過這把鑰匙，可以保證一生衣食無憂，但也因此而被束縛，失去自由。拒絕它？畢竟箱子裡的財富是有限的，外面的世界更精彩，但是那樣的人生充滿不測，前途未卜，萬一……

父親早已猜出兄弟倆的心思，他微微一笑：「不錯，每一種選擇都不是最好的，有快樂，也有痛苦，這就是人生，你不可能把快樂集中，把痛苦消散。最重要的是要瞭解自己，你想要什麼？要過程，還是要結果？」

兄弟二人權衡利弊，最終各取所需。哥哥決定接過這把鑰匙。弟弟則決定出去闖蕩。這樣的結局，與父親先前的預料不謀而合。

二十多年過去了，兄弟倆經歷、境遇迥然不同。哥哥生活舒適安逸，把家業管理得井井有條，性格也變得越來越溫和儒雅，特別是到了人生暮年，與去世的父親越來越像，只是少了些銳利和堅韌。

弟弟生活艱辛動盪，受盡磨難，性格也變得剛毅果斷。與二十年前相比，相差很大。最苦最難的時候，弟弟也曾後悔過，怨恨過，但已經選擇了，沒有退路，只能一往無前，堅定不移地往前走。經歷了人生的起伏跌宕，他最終創下了一份屬於自己的事業。這個時候，他才真正理解父親，並深深地感謝父親。

每一種選擇都不是最好，有快樂，也有痛苦，但如果能承認那是自己的選擇，自己願意承擔，它就不會再那麼讓人感到痛苦，而且你個人的身心也都會向更健康的方向發展。

# 認命，不如拚命

生活中，很多人一遇挫折、困難就放棄，說：「這就是命，我認了，老天爺對我不公平……」於是，這種人一生就會在失意中默默無聞地度過。

但有的人卻不這樣想，他們認為，認命不如拚命，既然命運不公平，為什麼不去全力抗爭呢？於是，他們鼓起勇氣，去克服一個個困難，並最終獲得成功。

奧運會游泳冠軍摩拉里就是這樣做的。

早在少不更事時，摩拉里的心中就有一個夢想，夢想著即將到來的鏖戰時刻。

一九八四年的洛杉磯奧運會前夕，摩拉里已經有幸躋身於最優秀的參賽運動員之列。令人遺憾的是，在賽場上，他發揮欠佳，只獲得一枚銀牌，與金牌擦肩而過。

但他沒有灰心喪氣，從光榮的夢想中淡出之後，他把目標瞄準了一九八八年的韓國漢城奧運會。這一次，他的夢想在奧運預選賽上就破滅了，他被淘汰了，跟大多數受挫情況下人們的反應一樣，他變得沮喪，把體育的夢想深埋心中。

當時，他和他周圍的人都認為是命運的安排，讓他一次次與冠軍失之交臂。就這樣，有三年的時間，他很少游泳，那成了他心中永遠的痛。

但是，有一天，摩拉里忽然意識到，自己就這樣認命是一種錯誤，他想：認命還不如拚命呢？不拚，就沒有成功的希望，全力去拚了，則有可能獲得成功。

在這種思想的主導下，摩拉里重新燃燒起希望：一定要贏！他以此激勵自己。

這時離一九九二年夏季奧運會還不到一年的時間，他決定全力以赴。在屬於年輕人的游泳賽事中，三十多歲的摩拉里算是高齡了，而且他久已脫離體育運動，再去百米蝶泳的比賽中與那些優秀的選手們拚搏對他的體質來說是個巨大的挑戰，甚至有人認為他簡直就像是拿著槍矛戳風車的唐・吉訶德一樣不自量力。但是這一次，摩拉里決定不再接受命運的安排，他要全力以赴。

他的預賽成績比世界紀錄慢一秒多，因此，在決賽中他必須付出更多的努力，他努力地為自己增壓打氣。在決賽時，他的速度果然是不可思議的快，超過其他的競賽者而一路遙遙領先，他不僅奪得了金牌，也打破了世界紀錄。

摩拉里的成功給了我們這樣一個啟示：面對命運，人有兩種選擇：認命，或者拚命。摩拉里選擇了後者——拚命，結果成功屬於他。你呢，你會選擇前者還是後者？

## 選擇機遇，就要承擔風險

每個人在一生中都有成功的機會，但大多數人不會成功，這是為什麼呢？原因是，他們不是沒有能力，不是沒有理想，也不是不願為之付出代價，而是缺乏成功的至關重要的因素——抓住機遇的能力。

機遇就像小偷，它來的時候你沒有抓住它，當它走的時候，你失去的將更多。機遇就是喬裝打扮的幸運女神，長髮掩蓋了美麗的面孔，沒有人敢去碰她，可是當人們知道她就是機會女神的時候，她已經離我們遠去了。所以，當機遇來臨時，你一定要死死地抓住她，不要讓她從你的手中溜走。

斯巴魯是標準的「富二代」，他的祖父、父親都是商人，家境殷實。由於從小就受到特殊的家庭氛圍與商業薰陶，斯巴魯年輕時便敢想敢做，頗富商業冒險和投機精神。

大學畢業後，斯巴魯進入一家商行工作。一次，他去古巴哈瓦那為商行採購魚蝦等海鮮歸來，途經新奧爾良碼頭時，下船在碼頭一帶兜風，突然有一位陌生男子從後面拍了拍他的肩膀：「先生，想買咖啡嗎？我可以給你半價。」

「半價？什麼咖啡？」斯巴魯疑惑地盯著陌生男子。

陌生男子馬上自我介紹說：「我是一艘巴西貨船船長，為一位美國商人運來一船咖啡，可是貨到了，那個美國人卻破產了。這船咖啡只好在此拋錨……先生！您如果買下，等於幫我一個大忙，我情願半價出售。但有一條，必須現金交易。」

斯巴魯跟著那位船長一起去看了看咖啡，成色還不錯。「成色好，價又低，買入後絕對有賺頭。」略作思考，斯巴魯便毫不猶豫地決定以商行的名義買下這船咖啡。然後，他興致勃勃地給商行老闆打電話，可老闆的回答是：「不准擅用公司名義！立即撤銷交易！」

斯巴魯很是氣憤，深為老闆如此不重視送上門的賺錢機會而痛心疾首。無奈之下，斯巴魯只好求助父親。他的父親表示同意借給他一筆錢用於償還挪用商行的欠款。斯巴魯大為振奮，索性放手大幹一番，在那位船長的引薦之下，他又買下了其他船上的咖啡。

斯巴魯初出茅廬，做下如此一樁大買賣，不能不說風險很大。但上帝偏偏對他情有獨鍾，就在他買下這批咖啡不久，巴西便出現了嚴寒天氣，使咖啡大量減產。這樣，咖啡價格暴漲，斯巴魯便順風迎時地大賺了一筆。

通過上面的故事，我們可以看出，選擇了機遇，就要承擔相應的風險。因為機遇與風險是共存的。

一位哲人說：「沒有冒險的膽量，機遇也將與你無緣。」

事實上，風險是機遇中必存的一個因素。如果能夠在戰略上藐視風險，在戰術上重視風險，努力克服風險，那麼，剩下的就是機遇了。

第六章

# 心動，更要行動

行動是取得成功的必經過程！

沉湎於幻想而不行動的人總是與機會失之交臂。

只有善於行動，立即行動，不斷行動，問題才能迎刃而解。

## 行動改變一切

成功者的路有千條萬條，但是有一條路卻是每一個成才者的必經之路。這就是行動。行動勝於一切。人們常說「千里之行，始於足下」，的確，路要一步步地去走，飯要一口口地去吃，縱使你有再燦爛的夢，也需要從邁步開始。

汽車製造是一個需要創造力的職業，只有不斷將產品創新，才能在競爭激烈的市場上巋然不動。當年，福特公司的老闆亨利・福特決心要製造出一輛與市場上普通的汽車不一樣的——V8型汽車時，他要求公司的工程師在引擎上鑄造八個完整的汽缸，而工程師認為那是不可能實現的。

那些擁有一流技術的工程師對這個要求完全無法接受，異口同聲地回答說：「總裁先生，我們寧可去繞著地球走一圈，也不會去做這個根本不可能做到的事情！」

福特說：「不用擔心！你們放心去做！不管你們用多長時間，都必須絕對完成任務，這可是關係著公司美好未來的！先生們，我誠心地祝福你們！

但是，如果你們想就此失業，我也會誠心歡送。」

看出福特是認真的，那些工程師不禁搖了搖頭，無奈地去做他們認為根本無法完成的事。

過了半年，福特的要求還是沒有任何起色。那群擁有一流技術的工程師仍然固執地認為那是不可能的事。年底公司做統查的時候，工程師們很無奈地告訴福特，這真的只是一個夢想，不可能會實現。

福特說：「你們只要盡心地去做就可以了，我相信這個項目一定能幫我開拓新的市場。而且，你們一定要做出來，否則，我就要另外請人了。」工程師們只好繼續研究了。

有一天，老天終於垂青了這幫可憐的工程師，讓他們找到了製造V8型汽車的訣竅，打破了當初他們認為不可能做到的預言，並且給福特汽車公司帶來了無限的市場空間。而這一切，都要歸功於公司總裁福特，因為他的堅持，他的信念：「坐著說，不如站起來行動。」

如果你已經發現了自己的目標，有了自己的夢，那麼，就從現在開始行動吧。行動改變一切。

他是美國海岸警衛隊的一名廚師，在閒置時間裡，他的一項重要休閒是代同事寫情書。寫了一段時間以後，他覺得自己突然愛上了寫作。他給自己訂立了一個目標：用兩到三年的時間寫一部長篇小說。

為了實現這一目標，他立刻行動起來。每天晚上，大家都去娛樂了，他卻躲在屋子裡不停地寫啊寫。這樣整整寫了八年，他終於第一次在雜誌上發表了自己的作品——《一個小小的豆腐塊》，稿酬一百美元。這沒有使他灰心，因為他看重的是寫作，而不是金錢。

從海岸警衛隊退役以後，他仍然不停寫作。雖然稿費沒有多少，欠款卻越來越多了。有時候，他甚至付不起房貸。儘管如此，他仍然鍥而不捨地寫著。朋友們見他實在太貧窮了，就紛紛給他介紹好的工作。可他拒絕了，他說：「我要當一名作家，我必須不停地寫作。」

又經過了幾年的努力，他終於寫出了預想的那本書。為了這本書，他花費了整整十二年的時間，忍受了常人難以承受的艱難困苦。因為不停地寫作，他的手指已經變形，他的視力也下降了許多。然而，他成功了！小說出版後立刻引起了巨大轟動，僅在美國就發行了一百六十萬冊精裝本和三百七十萬冊平裝本。

這部小說還被改編成電視連續劇，收看的觀眾超過了一點三億人，創電視收視率歷史最高紀錄。這位作家的名字叫哈里，他獲得了普利茲獎，收入一下子超過五百萬美元。他的成名之作就是我們今天經常讀到的《根》。

哈里說：「取得成功的唯一途徑就是立刻行動，努力工作，並且對自己的目標深信不疑。」

美國著名作家奧格・曼狄諾常常告誡自己：「我要採取行動，我要採取行動……從今以後，我要一遍又一遍、每一小時、每一天都要重複這句話，一直等到這句話成為像我的呼吸習慣一樣，而跟在它後面的行動，要像我眨眼睛那種本能一樣。有了這句話，我就能夠自然地去實施助我成功的每一個行動，有了這句話，我就能夠制約我的精神，迎接失敗者躲避的每一次挑戰。」

毫無疑問，成功者都是勤於行動的大師。在人生的道路上，我們需要的是：用實際行動來證明自己和兌現曾經心動過的金點子！

# 每天多做一點點

很多時候，人與人之間的差別往往就在一點點之間，如果你每天比別人差一點點，幾年下來，就會差一大截，幾十年下來，差的就是人生。

成功不是靠一步登天，而是靠一步一個腳印走出來的，是經過長年累月的行動與付出累積起來的。雖然，任何人都會有所行動，但成功者卻是每天都多做一點點，多付出一點點，逐步由量的積累，轉變到成功的質變。

一次火災中，小男孩被燒成重傷，雖經醫生全力搶救脫離了生命危險，但他的雙腿卻沒有任何知覺。醫生悄悄地告訴小男孩的媽媽，這孩子以後只能靠輪椅度日了。

出院後，媽媽每天都推著小男孩到院子裡去轉一轉。一天，天氣十分晴朗，媽媽又推著小男孩到院子呼吸新鮮空氣，媽媽有事突然離開了。

天空是如此的美麗，藍得宛若水洗過一般；風兒輕柔地吹著，花香沁人心肺……置身於這樣美麗的環境中，小男孩的心如同從沉睡中被喚醒，一股強烈的衝動不斷地從他的心底湧起，一個聲音在不停地呼喚：我要站起來！我一定要讓自己站起來！

於是，小男孩奮力推開輪椅，然後拖著無力的雙腿，用雙肘在草地上匍匐爬行前進。一步、二步……他終於爬到了籬笆牆邊；緊接著，他用盡全身力氣，努力地抓住籬笆牆站了起來，並且試著拉住籬笆牆往前行走。

可沒走幾步，汗水已從額頭滾滾而下。小男孩停下來喘了口氣，咬緊牙關拖著雙腿再次出發，直到籬笆牆的盡頭。

每一天，小男孩都要抓緊籬笆牆練習走路。可是一天天過去了，他的雙腿始終軟弱無力地垂著，沒有任何知覺。小男孩不甘心困於輪椅的生活，他握緊拳頭告訴自己，未來的日子裡，一定要靠自己的雙腿來走路。

終於，在一天清晨，當他再次拖著無力的雙腿緊拉著籬笆行走時，一股鑽心的疼痛從下肢傳了過來。那一刻，小男孩驚呆了，自從燒傷之後，自己的下半身就再也沒有任何知覺。小男孩懷疑是不是自己發生了錯覺，又試著走了兩步，沒錯，那種鑽心的疼痛又一次清晰地傳了過來。小男孩的心狂喜地跳動著。他一遍又一遍地走著，盡情地享受著別人避之唯恐不及的鑽心般的痛楚。

那以後，小男孩的身體恢復得很快，先是能夠慢慢地站起來，扶著籬笆走上幾步；漸漸地他便可以獨立行走了，直到有一天，他竟然在院子裡跑了起來。自此，小男孩的生活與一般的男孩子再無兩樣。到他讀大學的時候，他還被選進了田徑隊。當他在校園裡健步如飛時，沒有人知道，他曾經是一個依靠輪椅度日的孩子。

這個小男孩，就是後來的葛林・康漢寧博士。

每天多睡一點點、少做一點點是失敗者共有的習慣；每天多做一點點，多付出一點點是成功者共有的特質。成功與失敗到底差在哪裡？就差在這一點點。想要成功的你，願不願意多做這一點點呢？

# 行動是解決問題的唯一途徑

工作、生活遇到了問題，該怎麼辦？也許你會說，想辦法。你的回答是對的，但不全對。說對，是因為方法總比問題多，再困難的事總會有辦法解決，所以想辦法是對的。說不全對，是因為光想辦法是不夠的，最重要的是要行動。這裡說的行動，是在遇到問題後，你首要的行動是想辦法，然後是要將想法付諸實施。這樣，問題才能得到解決。

山上有個廟，住著兩個和尚，一個法號空覺，一個法號空文。

一天，空文對空覺說：「師兄，我想到南海去，你看行嗎？」

空覺問：「你怎麼去啊？」

「我只要一個缽就可以了。」空文淡定地答道。

「多年來，我就想雇條船沿著長江而下，到現在都還沒有實現，你靠什麼去啊？」空覺表示懷疑。

第二年，空文從南海回來了，把去南海路上遇到的事情告訴了空覺。

空覺為此感到很慚愧。

這個故事說明了一個道理：只會空想，而不去行動，是不可能做成一件事的。去過澳大利亞旅遊的人，都知道那裡有個「愛心圍牆」，很多人甚至知道它的來歷，但對它帶給人們的啟示卻不甚瞭解。讓我們先看看「愛心圍牆」是怎樣來的。

很久以前，澳大利亞有一位年輕人，他家世代以養羊為生。到了他這代，經過努力，羊群數量逐年遞增，已經發展到十萬隻的規模。

為此，年輕人感到十分自豪，但又有些困惑，因為，儘管他一再努力，羊群的數量卻只維持在十萬隻上下，不再增長。

有一天，他的爺爺來到他放牧的農場。見爺爺來了，年輕人便用手指著漫山遍野的羊群，很有成就地告訴爺爺自己的功勞。

哪知爺爺一臉不屑地說：「我也一樣。」年輕人大為不解，正要細問緣故，爺爺卻一聲不響地走了。年輕人不明白爺爺所說的那句話到底是什麼意思。

夜色降臨，四散的羊群逐漸安靜下來。淡淡的月光下，他望著一望無際的羊群若有所思。因為最近一段時間，每當夜幕降臨時，年輕人總能聽見羊群發出的哀號。

第二天，羊群中至少有五十隻羊被咬、肚子被撕開，死於非命，被咬死的羊羔數量更是無以計數。他想這一定是狼幹的壞事，但狼的胃口似乎沒這麼好。一天，一位動物學家經過牧場，年輕人求教於這位專家，才知道事情真相。

原來，在澳大利亞境內有一種野狗，是澳洲的頭號食肉獸，估計整個澳洲約有一百萬隻，正是這種動物的存在，才使他的羊群數量不再遞增。年輕人忽然想起爺爺說過的「我也一樣」的話，原來，早在爺爺放牧的時代，就存在這種情況，只不過，誰也沒有辦法解決而已。

既然問題已經找到，能不能徹底解決呢？善於思考的年輕人開始了富有想像力的思維，他決心在全澳大利亞建一道防護牆。但年輕人的想法遭到了家人的極力反對，幾千公里的圍牆，不但耗資巨大，而且極難維護。但他還是決定把自己的想法付諸行動。

剛開始，年輕人一個人在自家的牧場周圍用鐵絲網築起了一道防護牆，後來，他就沿著自家牧場往四周擴展，防護牆一點點延伸著。

他的這種做法感染了周圍的其他人，於是，越來越多的人加入了築牆的行列，以至於政府也開始關心和資助由他發起的這項築牆運動。一年以後，一道從南澳洲大海灣向東延伸，經新南威爾士，穿過昆士蘭東部，抵達太平洋沿岸的高一點八米、下部由小眼鐵絲網、上部由菱形鐵絲網、頂部由帶刺鐵絲構成的世界上最長的防護牆建成了。

由於它的建成，澳大利亞的羊群數量猛增，它像一條河在澳洲大陸上蜿蜒著，穿過沙丘、石頭山、茂密的灌木叢和荒蕪的平原，保護著越來越多的羊群。

許多年過後，這道防護牆已經成為澳洲人為之自豪的一處旅遊景點，前來旅遊的人們善意地稱它為「愛心圍牆」。

在全澳大利亞建一道防護牆，困難可想而知。但是年輕人成功了，原因何在？很簡單，行動是解決問題的唯一途徑。如果沒有年輕人先在自家建圍牆的行動，就不會有其他人和政府的加入，也就不會有「愛心圍牆」。這就是「愛心圍牆」帶給人們的啟示。

## 沒有行動，一切是空談

生活中，有很多人，如果你讓他們談談自己的理想或者目標，他們總能說得頭頭是道，繪聲繪色，通過他們的言語，你彷彿都能看到他們的未來美好生活。然而，他們的美好生活總是存在於想像中，因為他們說一套，做一套——說著未來的美好生活，卻不為此而付出行動，依舊過著平庸的生活。

傍晚，廣場上來了一群大學生模樣的人，由一位教授帶領。他們豎起一根三米高的竹竿，頂上用繩子掛著一套《二十四史》，竹竿旁邊立著一塊大紙牌，寫道：智力小測驗——不倒下竹竿而獲書者，獎勵此書。某某學校課外活動小組敬啟。

很快來了一些看熱鬧的人，議論紛紛，覺得怪有趣的。而教授和學生們在附近坐成一圈，靜觀事情的進展。

看熱鬧的人越來越多。竹竿周圍變得嘈雜了。他們抬頭盯著書瞅，有的獨自沉思，有的互相商量，但沒有人想出辦法來。

教授對學生們說：「注意觀察，給人群分類。」

這時一個人問：「嗨，我說，我搬凳子來拿下書，算不算數？」

教授點頭笑道：「只要竹竿沒倒，當然算數。」

眾人大嘩：「啊？這麼簡單？我以為好深奧呢！」

於是散去一批人，但沒有誰趕回家搬凳子來取書。

又一個人問道：「是不是有更巧妙的辦法？」

教授回答：「應該有吧。但我們這裡沒有什麼標準答案，也想請教大家，集思廣益。」說話間，又聚攏一些看客，對著題目或沉思，或討論。

時間就這麼流逝著，竹竿依然穩穩地立在那裡。

教授對學生們說：「其實生活中的很多事情都像這樣，看似簡單，但一時就沒有人辦到，所以，即使簡單，在沒有辦到之前，就是一種困難。」

說話間，來了一位拄拐棍的老爺子，看見啟事，他很高興，問：「真的嗎？這套書好啊，我倒是想要。」

圍觀者起哄：「老人家，想要就拿去吧！」

老爺子轉身向旁邊一個人借了支煙頭，用線綁在拐杖頭，舉臂，燒斷掛書的繩子——啪！《二十四史》掉在了地上。

教授和學生們熱烈鼓掌，圍觀者哈哈大笑，把老爺子弄得不好意思。教授上前拾起書，交給他說：「謝謝您，老人家，這書歸您了。」在圍觀者或羨慕或奇怪的眼光中，老爺子拎著書走了。

收拾「實驗器材」的時候，教授對學生們說：「大家看到了，圍觀者至少有五十人，大部分在看熱鬧；少數人想出辦法了，卻不實施；而最後付諸行動的，卻是一位行動不便的老者。你們馬上面對的人群，大體上也就是這三類。不要老是抱怨社會競爭激烈，從某種意義上看，那只是圍觀者在一旁議論紛紛時製造的假像。只要你願意行動，即使自身條件像那位老者一樣弱，也有可能收穫最後的果實。」

一個學生提出新想法：「教授，畢竟只是一套書的誘惑，如果竹竿上掛的是一打錢，我敢肯定，會有人搶著回家搬凳子。」

教授一揮手：「錯了！真正的行動者哪會那麼迂腐，完全按照既有規則辦事？他會直接打倒竹竿！」

上面的故事告訴我們這樣一個的道理：只有把想法付諸行動，才能獲得成功。否則，想法再美好，也是空談！

## 要實現夢想，行動是關鍵

僅有成功的欲望還遠遠不足以取得勝利，我們要立刻行動，靠自己的力量，去實現自己大大小小的夢想，闖出一條屬於自己的路、屬於自己的一片天。

一位富翁，小時候家裡非常窮。在一次放學回家的路上，他忍不住問媽媽：「別的小朋友都有汽車接送，為什麼我們總是走路回家？」

「咱們家窮！」媽媽無可奈何地回答說。

「為什麼咱們家窮呢？」他繼續問道。

媽媽告訴他：「孩子，你爺爺的父親，本是個窮書生，十幾年的寒窗苦讀，終於考取了狀元，官達二品，名震一方。哪知你爺爺遊手好閒，貪圖享樂，不思進取，坐吃山空，一生中不曾努力幹過什麼，因此家道敗落。你父親生長在時局動盪戰亂的年代，總是感歎生不逢時，想從軍又怕打仗，想經商時又錯失良機，就這樣一事無成，抱憾而終。臨終前他留下一句話：大魚吃小魚，快魚吃慢魚。」

「孩子，家族的振興就靠你了，做事情想到了看準了就得立即行動，搶在別人前面，努力做了才會成功。」

他牢記了媽媽的話，以十畝祖田和三間老房子為本錢，成為現在《財富》富翁排名榜前十名的人物。

他在自傳的扉頁上寫下這樣一句話：「想到了，就是發現了商機，行動起來，就要不懈努力，成功僅在於領先別人半步。」

夢想就在前方，要想實現不是一件容易事。但在你把夢想當作必須實現的目標，勇敢邁出第一步後，你一定會發現——艱難困苦、冒險以及勇敢會使你越來越接近夢想，而且這個過程的樂趣也完全超出了你曾有的設想。

## 等待永遠不會成功

一位企業家曾經說：「等待永遠不會成功。」這是一句相當誠懇、值得所有人深思的話。是啊，無論你是在等待什麼，都說明你被動了：如果你在等機會，說明你將創造機會的主動權讓給了命運；如果你在等待愛人，說明你將追求愛人的機會讓給了別人；如果你在等待別人的賞識，說明你自己做得還不夠好，而且將自己的前程交給了別人……

狄克是一個才華出眾的大學畢業生，但他在找工作時卻屢屢被拒，不是那些公司不需要他這樣的人才，而是因為狄克的懶惰使那些老闆打消了錄用他的念頭。四處碰壁後，狄克終於認識到了自己的缺點，便下決心改正，並四處尋找能夠克服他凡事提不起勁的良方，卻一直遍尋不獲。

後來，經過多方輾轉的介紹，狄克終於找到一位傳說中的大師。大師聽完狄克說明來意之後，笑著點了點頭，也不多說話，便引導狄克來到附近的鐵路旁邊。

一個老式的蒸汽火車頭，此時正停在鐵軌上。狄克看到這個場景，不明白大師的用意，只得安靜而慵懶地站在一旁，不敢作聲。

只見大師手中拿著一塊小木塊，走到鐵軌邊，將小木塊輕輕地放在火車輪子與鐵軌之間，讓那木塊緊緊地卡著火車頭的輪子。隨後，大師朝著蒸汽火車頭的駕駛員揮了揮手，示意要他開始啟動火車頭。只聽得汽笛高聲響起，蒸汽火車頭的煙囪開始冒出濃濃的白煙，鍋爐燒得正紅，蒸汽火車頭的馬力已啟動。

狄克靜靜地站在一旁，看著駕駛員指揮其他工人，不斷地朝鍋爐中添加煤炭，同時將蒸汽火車頭的動力開到最大；可是，蒸汽火車頭依然分毫不動。

儘管火車駕駛員用盡各種方法，仍然無法使蒸汽火車頭開始前進。這時，大師示意駕駛員暫停，他走到鐵軌旁，將那塊塞住車輪的木塊取下。然後，他讓駕駛員再試試，只見蒸汽火車頭立刻動了起來，緩緩加速前進。

大師朝著駕駛員揮手道別，轉過頭來，笑著對狄克說道：「當這輛蒸汽火車頭在鐵軌上全力加速之後，時速可以達到一百公里以上，再加上它本身的重量，連一堵五米厚的實心磚牆，都能夠衝得過去。」

接著大師揚了揚手中的小木塊，繼續道：「可是，當火車頭停止在鐵軌上時，卻只要這樣一小塊木頭，就能讓它寸步難移。狄克，你內心的蒸汽火車頭，又是被什麼樣的小木塊所阻住了呢？除了你自己之外，沒有任何人能幫你拿掉你的惰性，當然也包括我在內。」

狄克聽了大師的一番話後，內心大受震撼。從此以後，他改掉了懶惰的毛病，並很快找到了一份理想的工作。在工作中他不再需要他人的催促，而是自覺自願地主動完成，決不讓拖延的習慣再回到身上。

後來，他創立了自己的公司，而且取得了驚人的成就。

如果，你也像狄克一樣，拿掉了自己身上的惰性，不再等待他人吩咐就主動去做，那麼，總有一天，你也能夠獲得巨大的成功。

## 堅持做自己想做的事

其實，只要我們認真觀察身邊那些成功人士，就會發現，他們都有一個共同特徵，即他們能在逆境中堅持做自己想做的事。

貝多芬學拉小提琴時，技術並不高明，他寧可拉他自己作的曲子，也不肯做技巧上的改善，他的老師說他絕不是個當作曲家的料。

達爾文當年決定放棄行醫時，遭到父親的斥責：「你放著正經事不幹，整天只管打獵、逗狗、捉耗子。」

另外，達爾文在自傳中透露：「小時候，所有的老師和長輩都認為我資質平庸，我與聰明是沾不上邊的。」

蘇格拉底曾被人貶為「青年墮落的腐敗者」。美國職業足球教練文斯・倫巴迪當年曾被批評「對足球只懂皮毛，缺乏鬥志」。

愛因斯坦四歲才會說話，七歲才會認字。老師給他的評語是：「反應遲鈍，不合群，滿腦袋不切實際的幻想。」

牛頓在小學的成績一團糟，他曾被老師和同學稱為「呆子」。

羅丹的父親曾怨歎自己有個白癡兒子，在眾人眼中他曾是個前途無亮的學生，藝術學院考了三次還考不上。

托爾斯泰讀大學時因成績太差而被勸退學。老師認為他「既沒讀書的頭腦，又缺乏學習的興趣」。

試問：如果這些人不是「堅持做自己想做的事」，怎麼能取得舉世矚目的成績？

俄國作家契訶夫說：「有大狗，也有小狗。小狗不該因為大狗的存在而心慌意亂。所有的狗都應當叫，就讓牠們各自用自己的聲音叫好了。」

小狗也要叫！實際上，追求一種充實有益的生活，其本質並不是競爭性的，並不是把奪取第一看得高於一切，它只是個人對自我發展、自我完善和美好幸福生活的追求。那些每天一早來到公園練武打拳、練健美操的人，那些只要有空就練習書法繪畫、設計剪裁服裝和唱戲奏樂的人，根本不在意別人對他們的姿態和成果品頭論足，也不會因沒人叫好或有人挑剔就停止練習、情緒消沉。

他們的主要目的不在於當眾展示、參賽獲獎，而是自得其樂、有所獲益，滿足自己對生活美和藝術美的渴求。所以說，真正成功的人生，不在於成就的大小，而在於你是否努力地去實現自我，喊出屬於自己的聲音，堅持做自己想做的事。

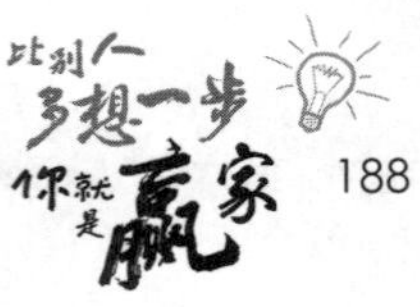




## 將大目標分解成若干小目標

沒有目標的人，註定不能成就大事。但如果目標過大，會給自己帶來壓力，所以我們應該學會把大目標分解成若干個具體的小目標，通過制定並實現日目標、周目標、月目標、年度目標，這樣不僅會減少壓力，而且能提高我們的工作效率，使事業邁上一個新台階。

一九九一年，住在斯德哥爾摩的高蘭・克魯普產生了一個想法：靠自己的力量越過大陸到達尼泊爾，然後，在完全沒有說明的情況下，不帶氧氣瓶，征服珠穆朗瑪峰，最後用同樣的方法返回家鄉。

顯然克魯普的計畫夠大的，但這是有可能實現的。他首先對整段路做了切實的研究，然後著手籌集旅行所需的二十萬英鎊的贊助。為鍛煉心血管承受能力，他開始和瑞典越野滑雪隊一起進行體能訓練。

一九九五年十月十六日，他騎著一輛自製自行車出發了，因為這是一次完全沒有後援的探險，他不得不隨身帶上全部裝備，總重量高達一百廿九公斤。四個月零六天後，他到達了加德滿都，在那兒開始把裝備運往珠穆朗瑪峰頂基地的帳篷。他一次運七十三公斤，只能向前運五十五米，而且運一次要休息十分鐘。他第一次開始懷疑自己完成計畫的能力。

他說，那次搬運是他一生中唯一一次最可怕的體力考驗。登頂成功了，下山後，他又騎上自行車，跋涉了一萬兩千公里回到了瑞典。這時距他離家已經過了一年零六天。

後來，當人們問起高蘭・克魯普成功的原因時，他是這麼說的：「每次出發前，我都要把自己前進的線路仔細看一遍，並畫下沿途比較醒目的標誌，然後以此為前行目標，這樣就可以很容易地到達終點。」

## 任何事業，都要從底層開始

從底層幹起，才會搞清整個工作程序，做得比任何人都好。這樣一路走來，你的自信也會得到提升，成功的機會也會大大提升。

艾迪畢業時，適逢經濟不景氣，大街上失業的人很多，但他仍懷著極大的熱情和夢想，並對生活和未來充滿希望，他相信憑自己的能力，一定能幹出一番事業。

艾迪的第一份工作，是在一家葡萄酒公司做業務員。行銷系畢業的他對這份工作充滿了信心。他想在這一份工作中大展手腳。為了完成這一個月的推銷任務，艾迪整日四處奔波。然而，現實是殘酷的。一轉眼，半個月過去了，艾迪居然連一瓶葡萄酒也沒有推銷出去，當初的激情被無情的現實打消一半。現實和想像完全不一樣。

後來，艾迪又嘗試地換了幾份工作，但都總是離自己的要求相差甚遠。艾迪開始懷疑起自己，對自己越來越失望。那段時間，他痛苦極了，人也變得沉默寡言。在姐姐的勸說下，他去看了心理醫生。

那個心理醫生的診所是一個二層小樓，一進門，是一樓大廳，非常普通，沒有什麼特徵，唯一不同的是大廳中間有一道樓梯，設計很別致，旋轉成一個S型，通向二樓。艾迪忍不住抬頭往二樓看了看，但是看不到什麼。診所在一樓拐彎處第一個門，艾迪敲門進去，裡面坐著一個氣質儒雅的中年人，想必他就是心理醫生了！

艾迪在他對面坐下，講自己遇到的事，自己的苦惱，講了將近一個小時。醫生只是靜靜地聽，什麼也不說。等他講完，醫生看了看他，問：「你剛才進來前，在想什麼？」

艾迪實話實說：「我想：二樓一定很漂亮，為什麼不把診所設在二樓呢？」

醫生笑了笑，說：「好，你現在上二樓去看看吧。」

艾迪有些莫名其妙，看看醫生，轉身出去上二樓。

等他回到診所，醫生又問：「二樓怎麼樣？」

艾迪點點頭：「挺好的，比一樓裝修好，陽光也好。」

「你怎麼上去的？」醫生繼續問。

「走上去的？」

「怎麼走上去的？」醫生跟著追問。

艾迪看著醫生，有點不耐煩：「能怎麼走？一步一個台階走上去的！」

「對，一步一個台階走上去的！任何事物都是這樣，邊體驗，邊完善，邊前進，一步一個台階地走。可是你想省略這些過程，想一步或者兩步就跨上去，能做到嗎？」

艾迪不好意思地笑了。

其實，成就事業如同爬樓，不管你是到二層還是到二十層，都要從最底層開始，一步一個台階地往上走。

第七章

# 自信通向成功

自信是每一個優秀者的共性。
自信，是一種心中抱著堅定的希望和信念走向光榮之路的感情，
是與失敗抗爭的一種必備的心理素質。
只要有信心，就沒有趟不過的河，就沒有翻不過的山！

## 成功青睞自信的人

無論何時何地，無論遇到怎樣的困境，你都應相信自己，這樣你才能信心滿滿地去奮鬥，去拚搏，直到獲得成功。說到ＮＢＡ球星，相信很多人的第一反應是高大威猛。的確，絕大多數ＮＢＡ球星都是人高馬大的，但博伊金斯卻是個例外——他的身高僅一點六米，被人稱為「ＮＢＡ最矮的球星」。博伊金斯這麼矮，怎麼能在巨人如林的ＮＢＡ賽場上競技，並且躋身大名鼎鼎的ＮＢＡ球星之列呢？這，都是因為博伊金斯擁有自己的致勝法寶——自信。

柏格斯從小就喜愛籃球，可因長得矮小，小夥伴們瞧不起他。

有一天，他很傷心地問媽媽：「媽媽，我還能長高嗎？」

媽媽鼓勵他：「孩子，你能長高，長得很高很高，會成為人人都知道的大球星。」從此，長高的夢像天上的雲在他心裡飄動著，每時每刻都在閃爍希望的火花。

「業餘球星」的生活即將結束了，博伊金斯面臨著更嚴峻的考驗——

一點六米的身高能打好職業賽嗎？矮個子也能做大事情，博伊金斯橫下一條心，要靠一點六米的身高闖天下。「別人說我矮，反而成了我的動力，我偏要證明矮個子也能做大事情。」

在威克・福萊斯特大學和華盛頓子彈隊的賽場上，人們看到博伊金斯簡直就是個「地滾虎」，從下方來的球百分之九十都被他收走，由於個兒矮，他總是飛速地低運球過人……

後來，博伊金斯進入了夏洛特黃蜂隊（當時名列NBA第二）。在他的一份技術分析表上寫著：投籃命中率百分之五十，罰球命中率百分之九十……一份雜誌專門為他撰文，說他個人技術好，發揮了矮個子重心低的特長，成為一名使對手害怕的斷球能手，「夏洛特的成功在於博伊金斯的矮」，不知是誰喊出了這樣的口號，許多人都贊同這一說法，許多廣告商也推出了「矮球星」的照片，上面是博伊金斯純樸的微笑。

成功後的博伊金斯，始終不忘媽媽當年鼓勵他的話，雖然他沒有長得很高很高，但可以告慰媽媽的是，他已經成為人人都知道的大明星了。

每個人都希望獲得成功，但是最終只有那些對自己充滿自信的人，才能有幸到達成功的彼岸。

## 信心是命運的主宰

信心對於立志成功者具有重要意義。因為人一旦擁有無堅不摧的信心，並經由自我暗示和潛意識的激發後，這種信心便會轉化為一種「積極的感情」，它能夠激發潛意識釋放出無窮的熱情、精力和智慧，一個人同時擁有這些，成功不過是水到渠成的事。

羅奈爾得・雷根原是一名演員，卻立志要當總統。從廿二歲到五十四歲，他從電台體育播音員到好萊塢電影明星，整個青年到中年的歲月都投身於文藝圈內，對於從政完全是陌生的，更沒有什麼經驗可談。這一現實，幾乎成為他涉足政壇的一大攔路虎。

然而，當機會來臨——共和黨內的保守派以及一些富豪們竭力慫恿他競選加州州長時，雷根毅然決定放棄大半輩子賴以為生的影視職業，決心開闢人生的新領域。

有兩件事樹立了雷根角逐政界的信心。一件事是他受聘通用電氣公司的電視節目主持人。

為辦好這個遍佈全美各地的大型聯合企業的電視節目，通過電視宣傳，改變普遍存在的生產情緒低落的狀況，雷根不得不花大量時間巡迴在各個分廠，同工人和管理人員廣泛接觸，這使得他有機會認識社會各界人士，全面瞭解社會的政治、經濟情況。

人們什麼話都對他說，從工廠生產、職工收入、社會福利到政府與企業的關係、稅收政策，等等。雷根瞭解這些現狀後，通過節目主持人身分反映出來，立刻引起了強烈的社會共鳴。

為此，通用電氣公司董事長曾意味深長地對雷根說：「認真總結一下這方面的經驗體會，然後身體力行地去做，將來必有收穫。」

這番話無疑為雷根產生「棄影從政」的信心埋下了種子。

另一件事發生在他加入共和黨後，為幫助保守派競選議員，募集資金，雷根利用演員身分在電視上發表了一篇題為「可供選擇的時代」的演講。因其出色的表演才能，大獲成功。演講完後立即募集了一百萬美元，以後又陸續收到不少捐款，總數達六百萬美元。《紐約時報》稱之為美國競選史上籌款最多的一篇演說。

雷根一夜之間成為共和黨保守派心目中的代言人，聲譽日漸高漲。這時候，傳來更令人振奮的消息，雷根在好萊塢的好友喬治・墨菲，這個道地的電影明星，與擔任過甘迺迪和詹森總統新聞秘書的老牌政治家塞林格競選加州議員。在政治實力懸殊巨大的情況下，喬治・墨菲憑著三十八年的舞台銀幕經驗，喚起了早已熟悉他形象的老觀眾們的巨大熱情，意外地大獲全勝。

原來，演員的經歷，不但不是從政的障礙，而且如果運用得當，還會為爭奪選票贏得民眾發揮作用。

雷根發現了這一秘密，便首先從塑造形象上下功夫，充分利用自己的優勢吸引了眾多選民。

有人說雷根運氣極佳，其實，雷根的「運氣」是他信心堅定的結果。雷根因為信心堅定，當上美國總統。而盲聾啞的海倫・凱勒則用無堅不摧的信心創造了人類奇蹟：她不但學會了讀書，學會了說話，而且以驚人的毅力完成了大學學業，不但如此，她還為了改善美國盲人的工作和生活條件四處奔走，為美國盲人基金會和海倫・凱勒國際組織廣籌善款。海倫・凱勒曾說：「信心是命運的主宰」。是的，只要有信心，還有什麼問題不能解決？

## 不要輕易否定自己

為什麼智力相似、成績相近的人，幾十年後的成就有天壤之別呢？對於這個問題，科學家們通過幾十年的研究發現，其根本原因在於人格特徵上的不同——即對自己有沒有自信，是否敢堅持自己對事物的看法。

小澤征爾是世界著名的交響樂指揮家。有一次，他去歐洲參加指揮家大賽。輪到他後，他按照評委會給的樂譜開始指揮演奏，但是僅剛剛開始，他就敏銳地發現了不和諧的聲音。

起初，他以為是樂隊演奏出了錯誤，就停下來重新演奏，但還是不對，他覺得是樂譜有問題。於是，他向在場的專家和評委提出疑問。但是，在場的作曲家和評委會的權威人士堅持說樂譜絕對沒有問題，是他錯了。

面對一大批音樂大師和權威人士，小澤征爾思考再三，最後斬釘截鐵地大聲說：「不！一定是樂譜錯了！」

話音剛落，評委席上的評委們立即站起來，報以熱烈的掌聲，祝賀他大賽奪魁。原來，這是評委們精心設計的「圈套」，以此來檢驗指揮家在發現樂譜錯誤並遭到權威人士「否定」的情況下，能否堅持自己的正確主張。

前兩位參加決賽的指揮家雖然也發現了錯誤，但終因隨聲附和權威們的意見而被淘汰。小澤征爾卻因相信自己而摘取了大賽的桂冠。如果不是相信自己，盲目崇拜權威，小澤征爾也會同前兩位選手一樣與桂冠失之交臂。

事實上，我們中的很多人都自我懷疑過，懷疑自己能否勝任工作，懷疑自己能否配得上他（她），懷疑自己能否處理好同事關係，等等。這種心理狀態很不好，它不僅腐蝕你的信心，而且讓你不能快速付出行動，錯失良機。

好萊塢著名影星席維斯・史特龍，在未進入影視圈之前，只不過是一個窮困潦倒的窮小子。

當時，他唯一的財產是一部老掉了牙的金龜車，而他就住在車裡。由於付不起停車費，他總是把車子停在廿四小時營業的超市門口，因為那裡的車位是不用付錢的。

雖然窮困潦倒，史特龍心中卻有一個理想——成為電影明星。於是他挨家挨戶地拜訪好塢萊的所有電影製片公司，尋求演出的機會。

好萊塢大約有五百家電影公司，史特龍逐一拜訪過後，沒有一家電影公司願意錄用他。

面對近五百次拒絕，史特龍沒有自我懷疑，更沒有灰心，他回過頭來又從第一家開始自我推薦。

第二輪的自薦，結果很不理想，五百家電影公司仍然沒有人肯錄用他。史特龍當明星的夢想沒有動搖，他相信，自己只要堅持就一定能成功。所以，他將拒絕當成是絕佳的經驗，鼓舞自己又從第一家電影公司開始尋找出鏡機會。

這一次，他不只爭取演出的機會，同時他還帶著自己苦心撰寫的劇本。第三輪自薦，有沒有成功呢？答案還是一樣，好萊塢的電影公司全都拒絕他。

如果是一般人，遇到這種情況，相信心裡一定打起了鼓：「我是不是真的不適合表演？我是不是應該聽從他們的規勸放棄呢？」

然而，史特龍卻沒有懷疑自己，也沒有放棄的念頭，他選擇再次自薦。終於在經歷了一千八百五十五次嚴酷的拒絕、無數的冷嘲熱諷之後，有一家電影公司願意採用他的劇本，並聘請他擔任男主角。

這部片子的名稱，就叫作《洛基》。

從此之後，史特龍每一部片子都十分賣座，奠定了他國際巨星的地位。

史特龍在遭到了那麼多次的拒絕後，若沒有堅定的自信，恐怕早就放棄了。由此可見，在遇到逆境時，切不可輕易就否定自己，好的創意加上信心，必定能帶來令人滿意的結果。

## 你就是自己的貴人

困難面前，你首先想到的是誰？是某某貴人？還是遠在天邊的父母？或者哪個親戚朋友？其實，真正能幫助你的是你自己。因為，他們只能幫助你一時渡過難關，卻不能幫助你一世。人生是你自己的，生活也是你自己的，所以困難面前，首先應該想想，自己能幫自己做些什麼。

第二次世界大戰期間，美國某小鎮有個人把全部財產投資在一種小型製造業上。由於大戰爆發，他無法取得工廠所需要的原料，只好宣告破產。

破產使他大為沮喪。於是，他離開妻子和兒女，成為一名流浪漢。他對於這些損失始終無法忘懷，而且越來越難過。後來，他甚至想到了自殺。一個偶然的機會，他看到了一本名為《自信心》的書。這本書給了他很大的勇氣和希望，他決定找到這本書的作者，請他幫助自己再度站起來。

當他找到這本書的作者，說完自己的故事後，那位作者卻對他說：「我已經以極大的興趣聽完了你的故事，我希望我能對你有所幫助，但事實上，我卻沒有能力幫助你。」

聽了作者如此說，這個人的臉立刻變得蒼白。他低下頭，喃喃地說道：「這下子我完蛋了。」

作者看看了他，然後說道：「不過，雖然我沒有辦法幫助你，但我可以介紹你去見一個人，他一定可以幫助你東山再起。」

聽了這句話，這個人立刻跳了起來，抓住作者的手，說道：「求求你，快帶我去見這個人吧。」

作者不慌不忙地把他帶到了一面高大的鏡子面前，用手指著鏡子，對他說：「我介紹的就是這個人。在這個世界上，只有這個人能夠使你東山再起。除非你坐下來，徹底認識這個人，否則你只能去自殺了。因為在你對這個人作充分的瞭解之前，對於你自己或這個世界來說，你都將是個沒有任何價值的廢物。」

這個人朝著鏡子向前走了幾步，用手摸摸他長滿鬍鬚的臉，對著鏡子將自己從頭到腳打量了幾分鐘，然後退幾步，低下頭，開始哭泣起來。

幾天後，作者在街上碰見了這個人，幾乎認不出他來了。他的步伐輕快有力，頭抬得高高的。他從頭到腳打扮一番，看來是很成功的樣子。「那一天我進入你的辦公室時，還只是一個流浪漢。但我對著鏡子找到了自信。

現在我找到了工作，老闆還預支了一部分錢給我的家人。我要努力掙錢，然後重新開始創業。」他還風趣地對作者說：「等我成功後，我將帶著一張簽好字的支票，收款人是你，金額是空白的，由你填上數字。因為是你讓我明白，在這個世界上，真正能幫助我的只有我自己。」

生活中，有些人一遇到困難，不是求東家，就是求西家，或者乾脆自暴自棄……總之，他們不會想到求自己，為什麼呢？一是他們不相信自己；二是他們已經養成了求人的惰性，不願自己去努力。可悲，可歎，這樣的人怎能成功？

## 信念指引你走向成功

有信念的人和沒有信念的人，人生是截然不同的。有信念的人，無論在怎樣的逆境中，都會奮鬥不息，他們把信念作為自己的一面旗幟，在這面旗幟的指引下，去努力、去奮鬥，直到獲得成功。

羅傑·羅爾斯，是美國紐約州歷史上第一位黑人州長。他出生在紐約聲名狼藉的大沙頭貧民窟。

那裡環境骯髒，充滿暴力，是偷渡者和流浪漢的聚集地。在這兒出生的孩子，耳濡目染，他們從小翹課、打架、偷竊，甚至吸毒，長大後很少有人從事體面的職業。然而，羅傑·羅爾斯是個例外，他不僅考入了大學，而且當上了州長。

在就職的記者招待會上，一位記者這樣問羅爾斯：「是什麼把你推向州長寶座的？」

面對三百多名記者，羅爾斯對自己的奮鬥史隻字未提，只談到了他上小學時的校長——皮爾．保羅。一九六一年，皮爾．保羅被聘為諾必塔小學的董事兼校長。當時正值美國嬉皮士流行的時代，他走進諾必塔小學的時候，發現這兒的孩子比「垮掉的一代」還要無所事事。他們不與老師合作，曠課、鬥毆，甚至砸爛教室的黑板。

皮爾．保羅想了很多辦法來引導他們，可是沒有一個是奏效的。後來他發現這些孩子都很迷信，於是在他上課的時候就多了一項內容——給學生看手相，他想用這個辦法來鼓勵學生。

一次，當羅爾斯從窗台上跳下，伸著小手走向講台時，皮爾．保羅說：「我一看你修長的手指就知道，將來你是紐約州的州長。」聽了校長的話，羅爾斯大吃一驚，因為長這麼大，只有他奶奶讓他振奮過一次，說他可以成為五噸重的小船的船長。而這一次，皮爾．保羅先生竟說他可以成為紐約州的州長，著實出乎他的預料。

他記下了這句話，並且相信了它。

從那天起，「紐約州州長」就像一面旗幟在指引羅爾斯前進，他的衣服不再沾滿泥土，說話時也不再夾雜污言穢語。他開始挺直腰杆走路，在之後的四十多年間，他沒有一天不按州長的標準要求自己。五十一歲那年，他終於成了紐約州的州長。

在就職演說的最後，羅爾斯這樣說道：「信念值多少錢？信念是不值錢的，它有時甚至是一個善意的欺騙，然而你一旦堅持下去，它就會迅速升值。」

羅爾斯這句話值得所有人深思。的確，信念看似微不足道，但是如果你堅信它，它就會向指標一樣，指引你一步步前進，直至走向成功。

## 學會把自己的優點放大

在日常的生活和工作中，我們無論是做人還是做事，都應該謙虛，這是為人處世之道。但要說明的是，這裡所說的謙虛是指狹義的，並不是要你否定自己的優點、長處，這樣既極端，又對自己的發展不利。謙虛是必需的，但必要的時候——比如關係前途，或者仕途等，應該把優點放大。

一個窮困潦倒的年輕人，流浪到巴黎，懇請父親的朋友幫自己找一份謀生的差事。

「數學精通嗎？」父親的朋友問。

年輕人羞澀地搖頭。

「那法律呢？」

年輕人還是不好意思地搖頭。

「地理、歷史怎麼樣？」

年輕人窘迫地垂下頭。

「會計怎麼樣？」父親的朋友接連發問，年輕人都只能搖頭——自己似乎一無所長，連絲毫的優點也找不出來。

「那你先把自己的住址寫下來，我總得幫你找一份事做呀。」

年輕人羞愧地寫下了自己的住址，急忙轉身要走，卻被父親的朋友一把拉住了：「年輕人，你的字寫得很漂亮嘛，這就是你的優點啊，你不該只滿足找一份糊口的工作。」

把字寫好也算一個優點？年輕人在對方眼裡看到了肯定的答案。哦，我能把字寫得叫人稱讚，那就是我能把字寫漂亮；能把字寫漂亮，我就能把文章寫得好看……受到鼓勵的年輕人，一點點地放大著自己的優點，他在心裡已找到自己奮鬥的目標了。

數年後，年輕人果然寫出很多享譽世界的經典作品——《三個火槍手》《基度山伯爵》等。他，就是法國家喻戶曉的十八世紀著名作家大仲馬。

在這個世界上，真正的天才、全才並不多，大多數人都是平凡之輩，但不管再怎麼平凡的人，也會有一些優點，但在自卑的影響下，我們常忽略了這些優點，更不要說是將其放大激勵自己了，這不能不說是人生的一大損失。要知道，即使再小的優點，只要你承認它，它就能給你帶來信心，帶來光明。

## 每天給自己一個希望

只要活著，就有希望。每天給自己一個希望，我們就有勇氣和力量面對生活中的不幸。看看下面的兩個故事，相信你對這句話的理解會更深刻。

杳無人煙的沙漠中，一個由八人組成的商旅駱駝隊正在跋涉，他們已在沙漠中走了好多天，因此都急切盼望著快點見到沙漠邊緣那一抹綠色。

熱辣辣的太陽把沙子曬得滾燙，而他們所帶的水卻所剩無幾。這時，拿著水壺的大爹（同時也是隊長），從背上解下水壺，對大家說：「只剩這一壺水了，我們要等到最後一刻再喝，不然我們都會沒命的。」

僅有的一壺水成了眾人唯一的希望，看著水壺，每個人心中都有了一種對生命的渴望。

天氣實在是太炎熱了，有的人支撐不住了，「大爹，讓我喝口水吧。」一個人乞求著。「不行，這水要等到最艱難的時候才能喝，你現在還可以堅持一下。」大爹生氣地說。就這樣，大爹堅決地回絕了一個個想喝水的人。

第二天黃昏，大爹嚴重脫水，他在斷氣之前，將大家叫到了面前，有氣無力地說道：「我不行了，你們帶上這壺水走吧。記住：在走出沙漠之前，誰也不能喝水，這是我最後的命令。」說完，他將水壺交給了最聽他話的隊員就斷氣了。大家非常悲痛，將大爹埋了，繼續向前走。

雖然大家都口渴難耐，但是誰也沒有打開水壺喝上一口，因為他們明白這是大爹用自己的生命換來的。天明時分，他們終於掙脫了死亡線，穿越了茫茫沙漠。這時，大家都想到了大爹留下的那一壺水。於是眾人急忙打開壺蓋，然而令所有人驚訝的是，壺裡流出的竟是沙子。

有位老中醫，醫術高明，深受患者喜愛。但不幸的是，他被診斷患有癌症。這對他不啻當頭一棒，他一度情緒低落，但最終接受了這個事實。他的心態也為之一變，變得更寬容、更謙和、更懂得珍惜所擁有的一切。在繼續工作之餘，他沒有放棄與病魔搏鬥。就這樣，他平安度過了五個年頭。

有人驚訝於他的事蹟，就問他是什麼神奇的力量在支撐著他。這位老中醫笑盈盈地答道：是希望。幾乎每天早晨，我都希望我能多救治一個病人。希望，使生命出現奇蹟。我們的生命是有限的，但希望是無限的，每天給自己一個希望，我們就能創造更多的生命奇蹟。

## 不言放棄就能創造奇蹟

做人，要有一顆不服輸的心，要有不言放棄的精神。肯德基的創始人哈蘭・山德士就是一位不言放棄的人，因為不放棄，他最終獲得了成功，並創造了奇蹟——創建了世界上最大的炸雞速食連鎖企業。

哈蘭・山德士五歲的時候，父親就去世了。十四歲那年，由於生活困難，哈蘭・山德士被迫從格林伍德學校輟學，到農場幹雜活貼補家用。接著又到電車上當售票員，但上蒼似乎賦予了他比常人更多的苦難。一年後，他失業了。

十六歲時，哈蘭・山德士謊報年齡參了軍，但是軍旅生涯對於他來說糟透了。一年的服役期滿後，哈蘭・山德士去了阿拉巴馬州，在那裡，他開了一家鐵匠鋪，但不久就倒閉了。無奈之下，哈蘭・山德士又開始了另一份工作——在南方鐵路公司當機車司爐工。

司爐工的工作給了哈蘭・山德士短暫的穩定，於是十八歲時，他結了婚。但僅僅過了幾個月，他就莫名其妙地被解雇了。當他拿著解聘書回家時，妻子交給了他一張醫院的化驗單——妻子懷孕了。

這給哈蘭・山德士很大的壓力，同時也給了他很大的動力，他開始瘋狂地找工作，只要能賺到錢，再苦再累的活他都樂意去幹。但是，無法忍受貧寒的妻子趁他在外奔波時，席捲了他們少得可憐的財產，逃回了娘家。

緊接著，大蕭條（一九二九至一九三九年之間全球性的經濟大衰退）開始了，到處都是失業者。但是，哈蘭・山德士沒有因為一連串的失敗而放棄。在接下來的日子裡，哈蘭・山德士邊打零工邊通過函授學習法律。但因生計所迫，他再一次放棄了學業。這期間，他賣過保險，推銷過輪胎，經營過一條渡船，還開過一家加油站，但無論他怎麼努力，沒有一樣成功的。

有好事者嘲笑他：「認命吧！你永遠也成功不了。」「不，我不相信！我不會放棄的。」哈蘭・山德士反駁道。幾經周折，哈蘭・山德士在一家小餐廳找到了工作——主廚。

在經歷了一連串的失敗之後，哈蘭・山德士以為這次總算可以喘口氣了。然而，命運之神又跟他開了一個玩笑——一條新修的公路剛好穿過那家餐廳，他又一次失業了。

接著，哈蘭・山德士就到了退休的年齡。當然，他不是第一個，也絕不是最後一個到了晚年還沒有做過什麼值得驕傲的事情的人。日子在平淡中一天天過去，眼看一輩子都要結束了，但此時的哈蘭・山德士依然一無所有。一天，郵差為他送來了他的第一份社會保險支票。

「什麼？養老支票！我老了嗎？」哈蘭・山德士憤怒了。他收下支票，並用它開創了新的事業——炸雞店。令所有人沒有想到的是，幸運女神這次終於眷顧了他。他的炸雞風靡全美。隨後，他的炸雞店開到了國外。而今，肯德基速食連鎖店遍佈全球。

一次次的失敗，一次次再重來，打不垮的哈蘭・山德士用自己的一生經歷告訴我們：只要不放棄，就會有成功的那一天。

## 勇氣讓你走向不平凡

勇氣，能讓人走向不平凡。一個人，如果沒有破釜沉舟的勇氣，就會與成功擦肩而過。

關於勇氣，邱吉爾曾這樣說道：「勇氣很有理由被當作人類德行之首，因為這種德行保證了所有其他的德行。」

二十世紀五〇年代中葉，李嘉誠靠塑膠花掘得人生第一桶金，也贏得了「塑膠花大王」的稱號。

到一九五八年時，他公司（長江公司）生產的塑膠花牢牢佔據了歐洲市場，年營業額已達一千多萬港元，純利潤一百多萬港元。

穩固歐洲市場後，李嘉誠又轉向北美。他展開了強大的宣傳攻勢。他設計印刷了精美的產品廣告畫冊，通過港府有關機構和民間商會瞭解北美各貿易公司的地址，然後分別寄出去。

當時，一家銷售網遍佈美國、加拿大的北美最大的生活用品貿易公司有意到香港實地考察。李嘉誠果斷拍板：一定要拚盡全力抓住這個大客商。根據以往與歐洲批發商做交易的經驗，李嘉誠在公司高層會議上宣佈了一項石破天驚的決定：一周之內，將塑膠花生產規模擴大到令外商滿意的程度！

無法想像一周之內形成新規模難度有多大。首先要另外新租一套占地約一萬平方英尺的標準廠房，然後將舊廠房退租，搬遷原有的可用設備，購置新設備，改建新廠房，安裝調試設備，新聘工人並且培訓上線，工人進入正常運行……

李嘉誠和全體員工一道，奮戰了六個晝夜，每天只睡三四個小時。

第七天，這家公司採購經理抵達香港。

這時，長江公司最後一台設備剛剛調試完畢。李嘉誠茶都沒顧上喝一口，立即驅車到九龍啟德機場接客。

美國人的作風十分爽快，他讓李嘉誠直接由機場送他到工廠參觀。該經理參觀了全部生產過程和樣品陳列室後，由衷地稱讚李嘉誠的工廠完全可以與歐美同類廠媲美。此外，李嘉誠的報價要比歐美低一半，因此，採購經理當即對李嘉誠說：「OK，我們現在就可以簽合同。」

這家美國公司成了李嘉誠的大客戶，每年的訂單都數以百萬美元計。通過這家公司，李嘉誠獲得加拿大帝國商業銀行的信任，並且日後發展成合作夥伴關係，進而為李嘉誠進軍海外架起了橋樑。

如果當時李嘉誠沒有拿出破釜沉舟的勇氣，就不會成就今天的事業，不會成為華人首富。所以，當機會降臨的時候，不要忘記，拿出勇氣，拿出破釜沉舟、置之死地而後生的勇氣。

第八章

# 給心靈洗個澡

人的心靈如同我們的外表，也會積滿污垢，
如自卑、怯懦、貪婪、嫉妒、虛榮、猜疑，等等，
只有經常「清洗」，心靈才會變得澄淨。

## 倒掉心裡的垃圾

生活中的垃圾如果日復一日地堆積在一起，不及時清理，就會發霉、發臭，嚴重影響周圍的環境。隨著時間的推移，人們的心中也會積累一些來自工作、學習、生活的垃圾，如果不及時清理，那麼年深日久它們就會變質，從而腐蝕我們的心靈。所以，我們要及時倒掉心裡的垃圾。

每逢歲末，許多人在家裡總要徹底清理一次，清理掉那些毫無意義的舊書報、倒掉心裡的垃圾舊物品等等，把其他有用的東西重新歸類整理，使之井井有條、耳目一新，給自己創造一個舒適的環境和一份好心情。雖然如此，總有一些東西年年都捨不得丟棄，卻從未派上用場，仔細想想，連自己都覺得納悶和啞然。

人們總習慣以「可能有用」為藉口而無形中保留了一件件、一堆堆「廢品」和「垃圾」，直到有一天下狠心將它們扔掉，生活中也不覺得少了什麼時，才明白它們是多餘的東西，意識到自己一直以來收藏的那些東西其實並不重要，留著反而增加煩惱。

隨著年齡的增長，歲月的磨煉，閱歷的豐富，知識的積累，人們要接受的東西越來越多，這時反而不會再快樂了。這是因為記憶裡的垃圾太滿了需要清理了。煩惱由小到大，由少到多，弄得你吃不下飯，睡不好覺。

有一個人總是喜歡發牢騷，不停地抱怨這抱怨那，遇事又特別容易生氣，還喜歡跟人斤斤計較，好像人類身上有的壞毛病，他幾乎都占盡了。

有一天，他覺得肚子好餓，想吃點東西，卻又感到胃裡滿滿的，咽也咽不下去，而且總覺得食物變質了，有一股腐敗的味道，而實際上那些食物都是新鮮的。

於是，他就跑到醫生那裡去看病，醫生問完病情後，給他開了一個方子：

將和氣、善良、誠懇、寬容加水一大鍋燒熱，洗一個澡，沖走牢騷、抱怨、生氣、計較，怪病自除。

牢騷、抱怨、生氣、計較，以及自卑、猜疑、貪婪、虛榮、恐懼、嫉妒、自憐、浮躁等等都是我們心中的垃圾，只有把這些垃圾清理掉，才會清除心裡的煩惱，減輕心靈的負擔。

一位名人曾說：「我之所以成功，主要是因為我很小的時候就懂得，每當人走過一程，就該清理一次人生的垃圾，把心中的毒瘤扔掉，在它沒有傷到自己以前，就把它扔進火裡。」

而一位哲人說得更好：「不該記住的教我忘了吧，不該忘記的教我記住吧，不一定到了春天才去打掃家室。不妨把舊的回憶加以分類，把亂七八糟的雜念摒除，否則這些雜念會把你的心靈擠破。」

## 浮躁心理要不得

一個人如果輕浮急躁，什麼事情也幹不成。在現實生活中，常有人犯浮躁的毛病。他們做事情往往既無準備，又無計畫，只憑腦子一熱、興頭一來就動手去幹。他們不是循序漸進地穩步向前，而是恨不得一鍬挖成一眼井，一口吃成胖子，結果必然是事與願違。

心理學研究認為，浮躁是一種衝動性、情緒性、盲動性相交織的不良心態。一個人如果急於求成，就難免心浮氣躁，那麼他離成功也就越遠。

浮躁在情緒上主要表現為心神不寧、不安分、見異思遷、焦躁、急功近利等；在行動上往往以情緒代替理智，在行動之前缺乏思考，總想投機取巧，盲動而冒險。

許多人遇上緊急情況時總是驚慌、忙亂，這種反應對解決問題沒有絲毫的幫助，只會令事情越來越糟。

有幾個老礦工，他們終日在極深的坑道中工作。有一天，礦燈突然熄滅了，他們頓時驚慌失措，開始胡亂地尋找出路。

一陣混亂的摸索後，他們竟然迷失了方向，幾個人走得精疲力竭，只好坐下來休息。

大家誰也不說話，空氣中充滿令人窒息的恐懼，好像死亡即將來臨。一些人根本坐不住，煩躁地走動著。

這時，一個平時處事冷靜的老礦工開口說話了：「與其這樣盲目亂找，不如坐在這裡，看看是否能感覺到風的流動，因為風一定是從坑口吹來的。」

大家聽了他的話似乎看到了希望，都穩穩地坐了下來。

剛開始沒有一點兒感覺，可是一段時間後，他們的感覺變得很敏銳，逐漸感受到陣陣微弱的風輕撫臉上。他們迎著風尋找，終於找到了出路。

其實，尋找坑道的出路如此，尋找人生的出路何嘗不是如此呢？在慌亂中尋找人生的出路，往往會失去方向，不如保持靜默，拭去心靈的浮躁，出路往往就會出現在你面前。

## 自卑讓你一事無成

自卑讓你低估自己的形象、能力和品質，總是拿自己的弱點跟別人的長處比，讓你覺得自己一無是處，什麼都不如別人。這樣，你就會越來越自卑，越來越抬不起頭來，久之，則心灰意懶，一事無成。因此，我們要想辦法找到自卑的原因，並努力去克服。仔細閱讀下面的故事，相信對你克服自卑會有所幫助。

十歲的埃斯長得有點醜。其實，倒不是她的五官有什麼問題，而是它們搭配得有點偏離正常比例，以致看上去有點「怪」。為此，埃斯十分自卑，從來沒有展露過笑容。

媽媽當然瞭解女兒的心事。為了幫助埃斯擺脫自卑的心理，媽媽把女兒帶到照相館去照相。媽媽的要求很奇怪，她讓埃斯在拍照時要保持微笑，同時，要求照相師不拍女兒的整張臉，而是逐一對眼睛、鼻子、耳朵、嘴等五官單獨拍特寫。幫女兒拍完照後，她又拿出瑪麗蓮‧夢露的頭像，讓照相師翻拍，並把五官一一割開。

照片一沖出來，媽媽就把女兒的五官照片和瑪麗蓮・夢露的五官照片一一對照貼到女兒臥房的牆上。每當女兒自卑的時候，媽媽就讓她看看那些被分割的照片，並對她說：「和世界上最著名的美女比較一下，你哪個地方會比她差？」

還未成年的埃斯迷惑地看了看母親，將信將疑。後來，埃斯把自己的這些照片指給閨中密友們看。密友們在不知情的情況下，有的說她的眼睛比那個外國佬的眼睛迷人，有的說她的嘴巴更性感。漸漸地，她相信了媽媽的話，真覺得自己並不醜。於是，她慢慢地開始微笑著對別人，對自己，對生活，自信也隨之而來。

也許，你長得並不漂亮，但你不能因此而自卑。因為我們每個人來到這個世界上，容貌是無法選擇的，就像我們無法選擇自己出生的國度、家庭、父母一樣。然而，現實生活中，有很多人就是不明白這其中的道理，自己給自己找麻煩。

戴莉有一副動人的歌喉，唱起歌來婉轉美妙，像百靈鳥一樣，但她卻長著一口齙牙，十分難看。她在參加歌唱比賽時，總是顧及自己難看的齙牙，盡力避免將口張得太開，一方面要放聲歌唱，一方面又要極力掩飾自己的缺點，所以她的表演失敗了。幾乎每次參賽都是如此，她漸漸對自己感到絕望了。

幸好有一次參加比賽，一個評委發現了戴莉的歌唱天賦。這位評委告訴她：「你有唱歌的天賦，你會取得成功，但你必須忘掉自己的齙牙」。

在這位評委的幫助下，戴莉漸漸走出自卑的心理陰影，在一次全美大型歌唱比賽中，她極富個性化的演唱傾倒了觀眾，征服了評委，最終脫穎而出。

這個世界上沒有完美的人，也沒有十全十美的事，所以無論是因為容貌、出身、能力還是財富，等等，你都沒有必要自卑。因為這些，部分是你不能改變的（如容貌、出身等），因它們而自卑只會徒增煩惱；部分是可以改變的（如能力、財富等），因它們而自卑，只能說明你懶惰，咎由自取。

## 猜疑讓你孤獨寂寞

猜疑是一種基於對他人不信任、不符合事實的主觀想像。人與人之間常有的爭執、吵鬧、誤會，幾乎都是因為猜疑而起。猜疑心嚴重的人內心非常敏感、脆弱和狹隘。有猜疑心理的人會因一些可能根本沒有或不會發生的事而憂愁煩惱、鬱鬱寡歡；因內心狹隘而不能很好地與別人交流，變得孤獨寂寞。

一個商人有一對雙胞胎兒子。當這對兄弟長大後，就留在父親經營的店裡幫忙，直到父親過世，兄弟倆接手共同經營這家商店。

生活一直都很平靜，直到有天十美元丟失後，關係才開始發生變化：

哥哥將十美元放進收銀機，並與顧客外出辦事，當他回到店裡時，突然發現收銀機裡面的錢不見了！

他問弟弟：「你有沒有看到收銀機裡面的錢？」

弟弟回答：「我沒有看到。」

但是哥哥卻不相信，質問：「錢不會長了腿跑掉的，你一定看見了。」

語氣中隱約地帶有強烈的質疑意味，弟弟心中的怨恨也油然而生，不久手足之情出現了嚴重的隔閡。

開始雙方不願交談，後來影響到生活，在商店中間砌起了一道磚牆。

二十年過去了，敵意與痛苦與日俱增，這樣的氣氛也感染了雙方的家庭與整個社區。

二十年後的一天，有位開著外地車的男子，在哥哥的店門口停下。

他走進店裡問道：「您在這個店裡工作多久了？」

哥哥回答說他這輩子都在這店裡。

這位客人說：「我必須要告訴您一件事：二十年前我還是個不務正業的流浪漢，一天流浪到你們這個鎮上，已經好幾天沒有進食了，我偷偷地從您這家店的後門溜進來，並且將收銀機裡面的十美元取走。雖然時過境遷，但我對這件事情一直無法忘懷。十美元雖然是個小數目，但是我深受良心的譴責，所以我回到這裡來請求您的原諒。」

當說完原委後，這位訪客很驚訝地發現店主已經熱淚盈眶並語帶哽咽地請求他：「是否也能到隔壁商店再說一次呢？」

在隔壁商店，當訪客說完事情原委以後，他驚愕地看到兩位面貌相像的中年男子，在商店門口痛哭失聲、相擁而泣。

二十年的時間，怨恨終於被化解，兄弟之間存在的隔閡也因而消失。可是誰又知道，這一切都源於猜疑。有猜疑心理的人與別人交往時，往往抓住一些不能反映本質的現象，發揮自己的主觀想像進行猜疑而產生對別人的誤解，或者在交往之前對某人有某種印象，在交往之中就處處帶著這種成見與對方接觸，對方一有舉動，就對原有成見加以印證。

雖然猜疑心理有種種表現，但我們可以發現其共同的特徵，即沒有事實根據，單憑自己主觀的想像；抓住「皮毛」，忽略本質，片面推測；不懷疑自己的判斷，只是相信自己，懷疑他人，挑剔他人。

## 貪婪讓你迷失自我

貪婪，是人性的劣根。人因貪婪而自毀前程，因貪婪而妻離子散，因貪婪而走上犯罪道路……從古至今，無數人因貪婪丟失自我，毀了自己的一生。

兩個城裡人和一個鄉下人一起旅行，但他們的食物很快就吃光了，只剩下一點點麵粉，他們把麵粉做成麵包，但怎麼也不可能夠三個人吃。

城裡人商量：「我們不如想個計策，把鄉下人的那份麵包也占來，這樣我們就能吃飽了！」於是他們就對鄉下人說：「你看，麵包根本不夠三個人吃。把麵包烤著，我們來睡覺吧！誰做的夢神奇，麵包就歸誰吃！」

鄉下人同意了，他倒頭就睡，但兩個城裡人卻沒睡覺，他們又商量起來：「明天呢，我就說我做夢上了天堂，天使彼特親自來迎接我！」

另一個說：「那我就說我去了地獄，看見了撒旦和很多小鬼，他們都張牙舞爪的，可怕極了！哼，諒那個鄉下人也做不出什麼奇特的夢，那塊麵包夠我們吃了！」說完他們也去睡了。

然而那個鄉下人根本沒睡著，他聽見了兩個城裡人的談話，於是他半夜爬起來就把麵包吃光了。

第二天早上，兩個城裡人醒來發現麵包不見了，就搖醒了鄉下人，鄉下人裝成很吃驚的樣子說：「唷！你們還在這兒呢！昨天我看見天堂的大門打開了，天使彼特把你迎接了進去，又看見這位下了地獄，撒旦和小鬼都張牙舞爪地拉著你，我想從來沒有人上天堂或下地獄還能回來的，所以就把麵包全吃了！」

人渴望擁有沒錯，但是這個世界上美好的東西太多了，我們總希望盡可能多的東西為自己所擁有；殊不知在你貪婪地佔有時，你的心靈也被腐蝕掉了。

一隻狐狸看見一戶人家的窗戶上掛著一串香腸，饞得口水都流了下來。怎麼才能吃到香腸呢？這時牠注意到了院子裡的狗，牠狡猾地想：「我只要三言兩語就能讓那隻蠢狗把香腸送給我！」

於是狐狸就和狗聊天，最後牠說：「兄弟，看到那串香腸了嗎？你那吝嗇的主人是不會分給你吃的，我替你望風，你把它偷出來大吃一頓多好。」

狗想了想，就讓狐狸跟牠進院：「你到草地那兒等著，我偷下來就跟你會合。」

狐狸剛走到草地就一聲慘叫，牠被一隻捕鼠夾夾住了，而主人則跟著狗走了出來，把狐狸抓住了。

其實，我們的人生如白駒過隙一樣短暫，生命在擁有和失去之間，不經意地就會流乾了。有些人在有限的生命中，只知一味地索取更多，他們擁有了陽光的明媚，還想把璀璨的星光也占為己有，然而越是想要得到更多，越是失去更多。

## 恐懼讓你寸步難行

一個人一旦心懷恐懼，做什麼事都畏首畏尾，寸步難行，成功則會可望而不可即。因此，我們必須戰勝恐懼。要戰勝恐懼，勇氣是最好的幫手。

在一座種植園裡，有一戶黑人給園主打工。

有一天，黑人家裡十歲的小女孩被遣到磨坊裡向種植園主索要五十美分——園主答應獎勵給女孩爸爸的，但卻一直沒有兌現。

園主長得兇神惡煞的，一般的小孩見到他就會哭。事實上，女孩內心也很怕他。但是，為了五十美分，她毅然地來到了磨坊。

看見女孩，園主放下手頭的工作，看著她猶豫不決地站在那裡，似乎有所求。於是他便問道：「你有什麼事情嗎？」

女孩看著園主的臉，很清楚地回答說：「我爸爸說你曾答應給他五十美分的獎勵，但卻一直沒有兌現。所以我今天來希望您兌現。」

園主很不高興，用一種可怕的聲音和斥責的口吻回答說：「我決不會給你的！你快滾回家去吧，不然我用鎖鎖住你。」說完便繼續做自己的事。

過了一會兒，他抬頭看到女孩仍然站在那兒不走，便掀起一塊木板向她揮舞道：「如果你再不滾開的話，我就用木板教訓你。好吧，趁現在我還……」話還沒說完，女孩突然飛快地衝到他面前，揚起臉來用盡全身的氣力向他大喊：「我爸爸需要那五十美分！」

四目相對，長時間的相持，慢慢地，園主的目光有些游離，他將木板放了下來，手伸向口袋裡摸出五十美分給了女孩。

拿到錢後，女孩像小鹿一樣跑出去了。留下園主目瞪口呆地站在那兒回味這奇怪的經歷——一個黑人小女孩竟然鎮住了自己。在這之前，整個種植園的黑人從未有過這種行為。

女孩用勇氣戰勝了恐懼，也戰勝了園主。這就是勇氣的力量。如果你對某件事、某個人心存恐懼，最好的處理方法就是像女孩那樣，拿出你的勇氣，勇敢地去面對恐懼的人或事，這樣恐懼便會立刻逃走。

## 虛榮讓你遠離成功

現實生活中，很多人有虛榮心。虛榮心理是指一個人借用外在的、表面的或他人的榮光來彌補自己內在的、實質的不足，以贏得別人和社會的注意與尊重。它是一種很複雜的心理現象。

法國哲學家柏格森曾經這樣說過：「虛榮心很難說是一種惡行，然而一切惡行都圍繞虛榮心而生。」

莫泊桑在小說《項鍊》中描寫了這樣一個人物：

瑪蒂爾德天生麗質，嫁給一個教育部的小職工，所以沒有機會結識有錢有權的人，但她卻不甘心，整天鬱悶。

終於，教育部長的請柬給瑪蒂爾德夢想的實現帶來了一線希望，她用丈夫準備買獵槍的四百法郎存款做了一件長裙，又向她的有錢女友借了滿意的鑽石項鍊。

宴會上，瑪蒂爾德得到了成功。她感到了極大的滿足，她完全陶醉於自己的美貌勝過其他所有女賓的勝利裡。可是，不幸的是項鍊丟了。在隨後的歲月裡她不得不辛勤勞動，攢錢買項鍊還給朋友，可最後她才知道她用十年青春去賠償的卻是一條假的鑽石項鍊。

很具有諷刺意味，讀過之後令人有些惋惜，假如她不去借項鍊，假如沒弄丟，假如……她仍會迷人，但造化弄人，一次誤會耗去了她十年青春。而這一切，都是因為虛榮心。

除了招惹禍端之外，虛榮對一個人的人格危害也是很大的。首先它讓人不自覺地有自私、虛偽、欺騙等不良行為；其次是使人盲目自滿、故步自封；最後是導致情感的畸變。由於虛榮給人以沉重的心理負擔，需求多且高，自身條件和現實生活都不可能使虛榮心得到滿足，因此，會導致怨天尤人、憤懣壓抑等負性情感逐漸滋生、積累，最終導致情感的畸變和人格的變態。

克服虛榮心理，一是要**端正自己的人生觀與價值觀**。自我價值的實現不能脫離社會現實的需要，必須把對自身價值的認識建立在社會責任感上，正確理解權力、地位、榮譽的內涵和人格自尊的真實意義。

二是**適時調整心理需要**。需要是生理的和社會的要求在人腦中的反映，是人活動的基本動力。人的一生就是在不斷滿足需要中度過的。在某種時期或某種條件下，有些需要是合理的，有些需要是不合理的，我們要盡力滿足合理的需要，摒棄不合理的需要。

三是**要擺脫從眾的心理困境**。虛榮心理可以說是從眾行為的消極作用所帶來的惡化和擴展。如在生活方式上落伍的人為免遭他人譏諷，便不顧自己客觀實際，盲目跟風，打腫臉充胖子，弄得勞神傷財，負債累累，自欺欺人。所以我們要有清醒的頭腦，面對現實，實事求是，從自己的實際出發去處理問題，擺脫從眾心理的負面效應。

## 憎恨讓你備受煎熬

你是否活在憎恨當中呢？憎恨自己為什麼不腰纏萬貫；憎恨自己為什麼沒有香車美女；憎恨自己為什麼得不到別人的青睞？

憎恨其實是人類的本能，由於競爭而有憎恨。從原始社會以來，人類就互相競爭，以向他人證明自己的價值。競爭之下，有勝有負，勝者驕傲欣喜，敗者沮喪羞愧。

憎恨不僅使我們的心靈備受煎熬，而且它還能給我們的身體帶來很大的傷害，頭痛、消化不良、失眠和疲憊等，是憎恨的人常有的生理症狀。國外一所醫學院曾作過一次調查，報告中說，與心情較為愉快的人相比，心存憎恨的人更經常進醫院。

醫務人員所做的試驗顯示，患心臟病的人常常不是工作辛勞的人，而是抱怨工作辛勞的人；最足以引起高血壓的原因，莫過於外表好像很安靜，內心裡卻被強烈的憎恨所煎熬。憎恨甚至會造成意外事件。交通問題專家說：「發怒的時候永遠不要開車。」一心裡總是惦記著丈夫如何不懂體貼的婦女，比起那些毫無雜念的婦女，更容易在駕車時發生意外。

有憎恨心理的人，常會將自己的失敗歸咎於一些自己無法掌握的因素，諸如外貌、父母及家庭，這種想法讓他們更痛苦，也更懶散。事實上，如果你一直認為自己是個社會的犧牲者，就真的會變成犧牲者。生錯家庭了嗎？那又如何！出身低下也許會讓追求成功之路更坎坷，但絕不是不能成功；父母對你缺乏關愛嗎？那又如何！往回看，只會讓你更加顧影自憐，怨天尤人；只有往前看，才能讓你掙脫過去的樊籬，追求自己想要的新生活。

因此，不管是出於何種原因，憎恨都是不值得的。只有擺脫憎恨，你才能向自己的目標邁進，才能更接近自己的理想，生活也會更快樂。然而，生活中很多人不知該如何消除憎恨。這是因為他們不知道應該以理性的力量來指導自己，用適當的消毒藥來解除心靈上的憎恨。

當心中充滿了悲觀、偏激、憎恨時，只要立刻轉到相反的思想上，便會產生樂觀、和諧、友愛，這就好像把冷水管的龍頭一開，沸水就會立刻停止沸騰一樣。一個成功的人，應該能像調節水溫一樣調整自己的思想，在水太熱的時候就要把冷水管的龍頭打開。在將要產生憎恨的時候，調整自己，使其轉到友愛上，這樣憎恨自然就消除了。

## 欲望讓你迷失靈魂

你是否因為追逐太多的東西而沒有時間享受生活，你是否因為沒有能力滿足自己的欲望而感到不快樂，或者因為有太多的選擇而不知所措，為自己沒有選到最好的，或者為自己捨棄的那些而感到遺憾、不捨和失望呢？這就是欲望在作祟。

世界上幾乎任何一種生命都是有欲望的，所不同的，只是在需求層次上有複雜與簡單、原始與高級之分。

人的欲望主要有生理的與精神的兩方面構成，滿足正常的欲望，是人類文明的表現。然而，欲望一半是天使，另一半卻是惡魔。欲望控制得好，就會將人引向天堂，一旦失控，就會把人引向地獄。

有一個人想得到一塊土地，地主就對他說，清早，你從這裡跑，跑一段就插個小旗，只要你在太陽落山前趕回來，插上小旗的土地都歸你。

這人高興極了，不要命地往前跑，太陽偏西了還不知足。

太陽落山了，他跑回來了，可是他已經精疲力竭，坐下就再沒起來。

牧師在他的墳前做祈禱的時候說：「一個人要多少土地呢？就這麼大。」

無盡的貪欲最後耗盡了這個人的生命。

俗話說：「人為財死，鳥為食亡。」

在生活中，人們總是會被現實激起各種欲望，比如為了享樂、為了名利、為了情欲而陷入追逐金錢、權力、美色的漩渦難以自拔，最終導致自己的毀滅。

人們常常為了想要完成某件事情，或是佔有某件東西，或是為了想要得到最好的、更多的，去耗盡自己的金錢、時間和精力。而這些東西其實並不是我們非要不可的，我們真正想要的反而沒有追求到，追求到了也忘記了去享受，或是沒時間去享受，並且，當我們不能得到最好、做到最好時，我們就會感到痛苦、失望。

大多數人認為如果自己變得更富有、有更多選擇的話，自己就會更快樂。其實不然，如果不能適當地看待和控制自己的欲望，只想一味地去爭取、再爭取，那麼，爭到何時才算是頭呢？

如果你不適當地控制自己的欲望，就會陷入惡性循環：得到一個青蘋果後，你會想得到兩個或者希望得到一個紅蘋果；當你得到了紅蘋果後，就會為自己沒有選擇柳丁而後悔；如果你面對一籃子的水果可以選擇，卻只能選擇一個，雖然你得到了，卻感到好像失去了整籃水果，因為你全都想要。正如一句話所說的：欲望像海水，喝得越多，越是口渴。所以，要想擁有快樂，就要控制你的欲望，衡量自己的能力，適度地、有步驟地追求你通過努力可以得到的東西。

正如一位哲人說的：「我快樂並不是因為我擁有很多，而是我要求的很少。」

第九章

# 習慣的影響無處不在

人的一生中，習慣無處不在，
成功或失敗都源於你所養成的習慣。
習慣有一種頑強而巨大的力量，
它可以為你創造輝煌，也能夠摧毀你的人生。
明白了這點，我們更應該擯棄壞習慣，培養好習慣。

## 習慣是一柄雙刃劍

一個人如果經常做一件事的話，就很容易形成習慣。習慣的力量是難以抗拒的，因此很多人在養成某種習慣後，就會被習慣控制，成為習慣的僕人。這也是為什麼許多人終生碌碌無為、與成功無緣的原因。而有些人則能控制自己的習慣，他們是習慣的主人。這些人將對自己有幫助的好習慣發揚光大，將影響自己發展的壞習慣不是扼殺在搖籃裡，就是痛下決心徹底改掉。因此，習慣是一柄雙刃劍。這柄劍，用好了能戰無不勝，用不好則會傷到自己。

事實上，我們每個人都有很多習慣，而且其中大部分是壞習慣，比如，好高騖遠，不切實際；只想不做，有言無行；猶豫不決，躊躇不前；粗心大意，馬虎了事；投機取巧，不務正業等等。這些習慣在不知不覺中，經年累月影響著我們的品德，暴露出我們的本性，左右著我們的成敗。只有改變這些習慣，才能改變人生，走向成功。

人類搭乘阿波羅十一號太空船，首次登陸月球的剎那，的確令人歎為觀止。但人類得先擺脫地球強大的引力，才能飛往月球。因此在剛發射的幾分鐘，也就是整個任務一開始的幾公里之內，是最艱難的時刻，所費的力量往往超越往後的幾十萬公里。

習慣也是一樣，它具有極大的引力，只是許多人不加注意或不肯承認罷了。因此，要革除因循苟且、缺乏耐心、吹毛求疵等等不良習慣，需要堅強的意志力。「起飛」需要極大的努力，然而一旦脫離重力的牽絆，我們便可享受前所未有的自由。

## 培養對訊息的敏感

財富，從某一個角度而言是資訊價值的再現。沒有掌握有價值的資訊，你永遠都不能抓住最佳的出擊時機，也永遠不會有贏得財富的機會。這就如獵人要誘捕獵物，必須看好時機，做好準備，然後迅速出擊，才能獲取獵物——在獲取財富的整個過程中必須要保持對資訊的高度敏感，不讓任何一個機會白白溜走。

美國實業家亞默爾獲取資訊的途徑是看報紙。一天，他像往常一樣在辦公室裡看報紙，一個個小標題從他的眼前溜過去。突然，他的眼睛停在了一條幾十字的短訊上：墨西哥可能出現了豬瘟。

他立即想到：如果墨西哥出現豬瘟，就一定會從加利福尼亞、德克薩斯州傳入美國。一旦這兩個州出現豬瘟，肉價就會飛快上漲，因為這兩個州是美國肉食生產的主要基地。

當墨西哥發生豬瘟的消息得到證實以後，他便立即動用全部的資金大量收購佛羅里達州和德克薩斯州的肉牛和生豬，並很快把這些東西運到美國東部的幾個州。

不出亞默爾的預料，瘟疫很快蔓延到了美國西部的幾個州，美國政府有關部門下令一切食品都從東部的幾個州運往西部，亞默爾的肉牛和生豬自然在運送之列。由於美國國內市場肉類產品奇缺，價格猛漲，亞默爾抓住這個時機狠狠地發了一筆大財。在短短的幾個月時間內，亞默爾就足足賺了九百多萬美元。

亞默爾之所以能夠賺到這樣一大筆錢，關鍵就在於他比別人更敏感於資訊的捕捉和利用，他比別人更深刻地看透了這一消息背後隱藏的有利商機。能否抓住一個有用的資訊，並充分發掘出資訊的最大價值，決定了一個人收穫成功的大小。生活中有很多人不能抓住機遇致富，常常是因為他們對於資訊不夠敏感。我們應該做到對資訊有敏銳的洞察力，這樣就可以做出科學的判斷和決策，減少失誤，獲得成功。

## 謙虛是一種好習慣

一位哲人說：「謙虛的人並不希望別人誇獎，儘管人們常誇獎他。驕傲的人時時想讓別人誇獎，但除了在別人面前誇耀自己以外，再也沒有第三個人誇獎他。」事實的確如此。一個人，只有將謙虛當成習慣後，才會贏得人們的誇獎。帕爾梅首相在瑞典是十分受人尊敬的領導人。他雖貴為首相，但卻仍住在平民公寓裡。他生活十分節儉、平易近人，與平民百姓無二致。

帕爾梅的信條是：「我是人民的一員。」

帕爾梅喜歡獨自微服私訪，去學校、商店、廠礦等地，找學生、店員、工人談話，瞭解情況，聽取意見，他談吐文雅、態度誠懇，從沒有首相的架子，從沒有前呼後擁的威嚴場面，所以深得瑞典人民的愛戴。

說到謙虛，英國偉大的物理學家、數學家、天文學家牛頓有一句名言：「我不知道人家怎樣看我，但是在我自己看來，我就像一個在海灘上玩耍的小孩子，偶爾拾到一塊較為光滑的圓石，而真理的大海我並未發現。」……這些成就非凡的偉人都表現得如此謙虛，何況我們這些普通人。所以，作為普通人的我們更應該學會謙虛一些。

## 養成記筆記的習慣

相信很多人一定有這樣的經歷，從入學的第一天起，老師就告訴你：上課要做筆記。老師教我們什麼是內容重點，哪些需要記錄在筆記本上，怎麼記等。

學會記筆記，並且做好筆記顯然能夠提高個人的學習效率，有助於我們的學習，可以說，記筆記是好學生的必備技能之一。然而，有多少人知道，生活中也需要做筆記？

聰明的猶太人就很清楚這一點。猶太人不僅把筆記用在學習上，而且把筆記用在生意往來上。

對於重要的事情，無論何時何地猶太人都記著筆記，正是這種筆記對他們在關鍵時刻做出的正確判斷提供了莫大的幫助。他們的筆記記得很精細，對重要事情發生的時間、地點、內容都做了詳細的記錄。

這裡所說記筆記，並不是說猶太人經常帶著筆記本走路，他們所用的筆記本極其簡單，是隨身帶的香煙空盒。猶太人買香煙時，將香煙裝入金屬煙盒裡，同時將空盒放入口袋，一旦進行商談或有重要事情需要記錄時，會立即在香煙空盒背面記下必要事項，過後再將此整理記入記錄本內。

這種簡單、方便的記筆記方法，是猶太人精於算計和迅速、正確判斷的基礎。猶太人之所以會賺錢，很重要的一個原因是他們凡事都採取認真的態度。他們不允許自己的生活中出現任何馬虎。

例如，在預約晤談時，對時間、地點的約定要極其明瞭，而且連晤談大約要花多少時間都算計好了。在赴約時，更不許有遲到之事發生，而且晤談時間也是嚴格遵守預約好的時間。

在現實生活中，猶太人談論具體的事情時，也是竭盡全力求精確。可見猶太人的認真態度到了何種程度！記筆記，更說明了猶太人的這種態度。

猶太人在商談時，是不准發生任何曖昧之事的。縱然他們已做出迅速的、正確的判斷，如果重要的日期、時間、金額、交貨日期等記得含糊不清，也是毫無用處的。在他們看來，商談中的任何重要細節都需要準確記憶。所以，這種嚴謹的處世作風，幫助猶太人在全世界商界立於不敗之地。

## 培養自律的習慣

一個人想要實現自己的目標或理想，需要具備什麼？回答是：自律。當然，肯定也需要他人相助、一定的資金和個人能力，但最終還是要自律。沒有了自律，成功等式就不可能成立。缺乏自律往往成為一個人失敗的根源。

美國一所大學的日文班裡，出現了一個五十多歲的老太太，起初大家並未介意，因為在這個自由的國度，每個人都可以做自己喜歡的事情。但是，過了一段時間，同學們發現，這個老太太並不是退休之後空虛寂寞才來的。每天清晨，她總是第一個來到教室溫習功課，認真地跟著老師閱讀。她的筆記記得工工整整，學生們紛紛借她的筆記作參考。每一次考試前，老太太更是全心全意地複習。

一天，老教授對學生們說：「父母一定要自律才能教育好孩子，你們可以問問這位令人尊敬的女士，她肯定有一群出色的孩子。」大家一打聽，果然，這位老太太叫朱木蘭，她的女兒是美國第一位華裔女部長趙小蘭。

作為父母，能給予孩子最好的財富不是萬貫家產，而是良好的品格，朱木蘭女士深諳此道，她不僅嚴格自律，更把這一優秀品質傳給了兒女們。

自律習慣的養成不是一蹴而就的，它需要一個循序漸進的形成過程。只要通過嚴格的訓練，我們每個人都可以養成自律的好習慣。能提供這種訓練的首先是家庭，其次是學校，最後就是自己了。如果一個人既沒有受到良好的家庭教育，又沒有受到良好的學校教育，長大之後也不能很好地控制自己，往往會給社會帶來災難。

有人對英國和歐洲大陸的許多精神病院進行過研究，最後得出了一個結論：絕大多數精神病人幾乎都很任性，他們的意願在孩童時期幾乎沒有受到過約束。

詩人博恩斯經常頭頭是道地教育別人，按理說，他應該是懂得自律的人，但是，在生活中，博恩斯和那些缺乏自律的人一樣糟糕。他總是不由自主地說一些挖苦、諷刺別人的話，因為缺乏自律，他譜寫了一些僅為滿足酒吧需要的庸俗下流的樂曲，這些流傳廣泛的樂曲毒害了無數青年。

博恩斯沾染的惡習之一是無法抵制酒的誘惑，酗酒使他無力克制自己，因而使他的品性墮落。一位傳記作家曾這樣評價他：放蕩使他墮落，並玷污了他的名聲。

美國總統華盛頓以其優秀而崇高的人格聞名史冊。即使處於最困難的緊要關頭，他的自制力也是強大無比。人們都以為他這種鎮定自若的性格與生俱來，但實際上，華盛頓原本是個非常急躁的人，溫文爾雅、寬容等優秀品質都是他經過嚴格自我控制之後表現出來的。

華盛頓的傳記作家這樣評價他：「他是一個極富激情的人，他的激情非常強烈，但他能在瞬間克制，這或許是他長期訓練的結果，我們不能否認這是一種罕見的力量。」

由此可見，要想獲取生活和事業上的成功必須依賴自律。嚴格的自律不僅能使你控制自己的今天，也能控制自己的明天。養成自律的習慣，你的人生必將更加平坦而廣闊。

## 把學習當成終身習慣

學習不光是學生的任務。無論年紀大小，或從事哪一個行業，都需要不斷學習。只有不斷學習才能擴大視野，獲取知識，把工作做得更好。

美國著名的大提琴家麥特・海默維茨十五歲時，與由梅塔擔任指揮的以色列愛樂樂團演出了他的第一場音樂會，立即造成轟動，受到各階層人士的注意。這場音樂會在以色列國家電視台反覆播放。

海默維茨十六歲時，獲得了艾弗里・費瑟職業金獎。著名的德國唱片公司跟他簽了獨家發行其唱片的合約。之後，他更多次獲得唱片大獎、金音叉獎等著名大獎。

就在海默維茨聲名大噪的時候，這位大提琴神童卻突然消失了四年，幾乎讓人們把他的名字給淡忘了。原來，他去哈佛大學進修了。他作了一篇以貝多芬《第二大提琴奏鳴曲》為課題的畢業論文，並獲得了哈佛大學的最佳論文獎。

哈佛大學的學生都知道，一個人要提升自己，就要不斷地學習。能從學校裡學到的東西十分有限，更多的知識和技能只有在走出學校之後才能學到。學習是終身的事，每個人在任何時候都不應該放棄學習。事實上，如果沒有足夠的知識儲備，那麼一個人就很難在工作和事業中取得突破性進展。

許多天賦很高的人，終生處在平庸的職位上，導致這一狀況的原因就是他們不讀書、不學習，更不願向別人學習，他們寧可把業餘時間消磨在娛樂場所或閒聊中，而意識不到學習對自身發展的價值。

李嘉誠就非常注意培養兩個兒子觀察、學習別人的說話藝術及辦事能力。每當有重要的會議，或是會見重要的客人，抑或處理企業的一些問題時，他總是讓兩個兒子在一旁觀察、傾聽、領會。正因為他對兩個兒子的悉心培養，才使得他的兩個兒子如今能夠從容地支撐並發展他的經濟王國。

向別人學習還有一個方法，就是讀名人傳記，我們可以從名人的傳記裡汲取知識、智慧和創造美好人生的力量。

「讀一本好書，就是與一顆偉大的心靈對話。」讀名人傳記更是如此。我們不僅要學習別人成功的經驗，還要吸取別人失敗的教訓。當別人遇到挫折或失敗的時候，我們不要幸災樂禍，而應該在同情、安慰的時候，思索一下他們失敗的原因和教訓，避免自己走同樣的彎路。

培根說過：知識就是力量。的確，知識可以改變命運，學習可以改變人生。環視古今中外，凡是傑出人物，都是終身孜孜不倦追求知識的人。在漫長的人生經歷中，即使再忙、再累、再苦，他們都不忘學習。

## 培養即刻行動的習慣

《英國十大首富成功秘訣》雜誌曾經分析並歸納過當代英國頂尖成功人士的成功秘訣：他們的成功不僅是因為有深思熟慮的能力、高瞻遠矚的思想，而且主要是他們能夠審時度勢後立即付諸行動。事實的確如此，讓我們看看成功人士對行動的論述，就不難發現行動的重要性。

拿破崙・希爾說：「現實是此岸，理想是彼岸，中間隔著湍急的河流，行動則是架在河上的橋樑。」

比爾・蓋茨說：「想做的事情，立刻去做！」

美國著名的時間效率專家蘭肯說：「不管任何任務，也不論它有多麼艱難，沒有完成不了的。不必害怕，因為你需要的僅僅是行動起來，這才是你最應該也是唯一應該關注的事情。因為它不但會使你獲得先機，而且你還將會獲得繼續行動的動力，『行動起來』最終會帶領你走向成功。」

士迪阿吉奧飲料集團公司的創始人尤拉・霍爾說：「在我最初創業的時候，我首先想的是如何去做，趕快開始，儘快將自己的想法變為現實，從沒有去想行動中會遇到什麼、害怕之類的事情，所以，我最終獲得了我所想要的一切。」

成功人士都養成了即刻行動的習慣。因為他們知道，只有行動迅速才能使自己在激烈的競爭中佔據更為有利的位置，才能把握住一個個轉瞬即逝的機會。然而，生活中偏偏就有很多人養成了拖遝的壞習慣，他們以「我還沒有準備好」、「條件還不成熟」等藉口推遲行動，當然成功也就與他們無緣。

有個落魄的中年人每隔兩三天就到教堂祈禱，而且他的禱告詞幾乎每次都相同：「主啊，請念在我多年虔誠的份上，讓我中一次彩票吧！阿門！」

幾天後，他又垂頭喪氣地來到教堂，同樣跪著祈禱：「主啊，為何不讓我中彩票？我願意更謙卑地來服侍你，求您讓我中一次彩票吧！阿門！」

又過了幾天，他再次出現在教堂，同樣重複他的祈禱。如此周而復始，不間斷地祈求著。

終於有一次，他跪著說：「我的主，為何您不滿足我的祈求？讓我中彩票吧！只要一次，讓我解決所有困難，我願終身奉獻，專心侍奉您……」

就在這時，聖壇上空傳來了聲音：「我一直垂聽你的禱告。可是，最起碼你也該先去買一張彩票吧！」

這個故事聽起來似乎有些可笑，但是笑過之後卻令人深思。其實，生活中渴望天上掉餡餅這種荒唐事的人並不少見。這些人沉湎於夢想之中，希望有一天夢想能變成現實。但是他們就像上面故事中的中年人一樣，連最基本的行動都不付出——買彩票，又怎能實現夢想，改變自己的人生？

## 壞習慣是成功的絆腳石

你是否認識這樣一些人，他們很聰明，很有天賦，但卻總是得不到他們應有的成功。同樣，就在你的身邊，是不是還會有另一些人，他們的成績明顯超越了他們的個人天分。看上去，他們似乎並不是特別聰明，也沒有什麼特別的天賦，但是，他們卻總是做什麼就能成就什麼。這兩者之間究竟有什麼區別呢？其實，很簡單，只要查看一下個人習慣，你很快就會發現他們之間的區別所在。

那些沒有什麼天賦的人，都具有很多良好的習慣，這些好習慣幫助他們順利到達成功的彼岸；而那些聰明，很有天賦的人，往往有諸多壞習慣，它們猶如成功路上的絆腳石，讓這些人在走向成功的過程中，磕磕絆絆，甚至中途止步。

以前，有一位國王做事喜歡拖延。一天晚上，他收到一封潛伏在敵方的間諜發回來的緊急情報。不過，他沒有把情報拆開，而是習慣性地放在了餐桌上，心裡想：「明天再處理吧！」

第二天吃早餐的時候，他又看見了那封緊急情報。「能有什麼大不了的事呢？吃完飯再說吧。」

早餐之後，他又讓侍臣為自己斟上一杯美酒，喝完之後，才慢慢拆開信件。結果，沒等看完信，他就跳了起來。原來，上面說：國王的侍臣中有敵國的間諜，他接到了毒殺國王的命令……憤怒的國王想召集侍衛，可是已經太晚了，鮮血從他的嘴角流了下來——他剛才喝的正是一杯毒酒。

只不過拖延了一個晚上，國王就付出了生命的代價！

拖延的壞習慣，讓國王付出了生命的代價。其實，我們每個人身上，都免不了有一些根深蒂固的壞習慣，它們並不是突然形成的，而是隨著時間的推移逐步養成，甚至我們自己都沒有注意到它們的存在，但是它們的危害是很大的。我們應該改掉那些不好的習慣，不讓自己的成功之路鋪滿絆腳石，阻礙自己走向成功。

## 不做習慣的奴隸

絕大多數的失敗者之所以在逆境中苦苦掙扎，是因為他已經做了習慣的奴隸。他們的口頭禪是：「這是我的原則」「這是我的作風」「這是我的標準」……不知不覺間，他們做了習慣的奴隸，由習慣牽著他們的鼻子行事，慢慢地變得碌碌無為、一事無成。看看下面的故事，相信會對你有所啟發。

山裡的野豬經常下山來踐踏莊稼，甚至威脅到村裡人的安全。幾位經驗豐富的獵人很想捕獲它們，但這些野豬卻狡猾得很，從不上當。

一天，一位老人趕著毛驢車，走進了野豬經常出沒的村莊，老人的車上裝滿了木板和穀物。老人告訴當地的村民說要幫助他們捉野豬。村民都嘲笑他，沒有人相信老人能做連獵人都做不到的事情。

但是，兩個月以後，老人從山上回到村莊，告訴村民，野豬已經被他關在山頂的圍欄裡。他向驚訝的村民解釋他的捕豬過程，他說：「我做的第一件事，就是去找到野豬經常覓食的地方。然後我在空地中間放少許食物作為捕捉的誘餌。那些野豬起初嚇了一跳，但最後，還是好奇地跑了過來。

老野豬聞了聞味道，然後嘗了一口，其他野豬也跟著吃了起來，這時我知道我能捕到牠們了。第二天我又多加一些食物，並在幾尺遠的地方豎起一塊木板。那塊木板像幽靈一樣，暫時嚇退了牠們，但是白吃的午餐很有吸引力，所以不久之後，牠們又回來吃了。

「當時野豬們並不知道，牠們很快將是我的了。此後我要做的只是每天多豎立幾塊木板在食物周圍，直到我的圈欄完成為止。每次我加進一些木板，牠們就會遠離一陣子，但最後都會再來『白吃午餐』。圈欄做好了，唯一進出的門也準備好了，而不勞而獲的習慣使野豬毫無顧忌地走進了圈欄。這時我需要做的只是拉動連接在門上的繩子，就出其不意地把牠們捕捉了。」

野豬因為有「免費的午餐」，從此不再去自己覓食，養成了「好吃懶做」的習慣，結果牠們不僅做了習慣的奴隸，而且成為人類的奴隸，任人類宰割。其實仔細想想，我們有很多人不也是這樣嗎？他們屈服於自己的習慣，最後理想破滅，喪失鬥志，一步步走向失敗。

第十章

# 挫折讓你更堅強

面對挫折和逆境，你的態度，很大程度上決定了你的未來。
如果一個人具備了正確的挫折觀，那麼挫折不僅不是壞事，
而且還可以成為一種積極的心理動力，
激勵著人們不斷去克服萬難，邁向成功！

## 挫折會使你變得堅強

挫折，生活中無處不在，因為它是生活的重要組成部分。因此，無論何時遇到挫折，我們都應坦然處之，不必驚慌失措，不必哀歎命運的不公。挫折就像彈簧，你弱它就強，但是當你強時，它就會變得很弱。當我們能正視挫折時，就能改變挫折，而我們會逐步變得堅強，信心也會自然而生，「這樣的挫折我都挺過來了，還有什麼好怕的。」

多年前，曾經有一個風靡一時的動物表演節目，其中有一段非洲獅子的表演，特別受觀眾的喜愛。

一天晚上，馴獸師像往常一樣演出。在眾目睽睽之下，他領著幾隻獅子進入鐵籠子，然後將門鎖上。觀眾緊張地注視著聚光燈下的鐵籠子，看馴獸師如何瀟灑地揮舞鞭子、發號施令，看威武的獅子如何服服貼貼地做出各種雜耍動作。

演出非常精彩，可是在演到一半時，糟糕的事情發生了：現場突然停電

——黑暗往往能刺激動物的野性。馴獸師被迫待在獸籠裡與獅子為伍。黑暗中雙眼放光的非洲獅子近在咫尺，而他卻看不到牠們，而且只有一根鞭子和一把小椅子可作防身之用。

在長達五分鐘的時間裡，觀眾忐忑不安，都在為籠子裡的馴獸師擔憂。然而，在燈重新亮了以後，大家驚喜地發現馴獸師安然無恙，之後他平靜地將整個演出完成。

在後來的採訪中，有記者問他當時是否害怕獅子會朝他撲過來。

馴獸師說一開始自己確實感到很害怕，但他馬上就鎮靜下來，因為他意識到了一個非常重要的事實：雖然他看不見獅子，但獅子並不知道這一點。

「所以，我只需像往常一樣，不時地揮動鞭子、吆喝，就當什麼事也沒發生一樣，不讓獅子覺得我看不到牠們。」

這位馴獸師面對突如其來的事故很是鎮靜，他沒有慌張，沒有手忙腳亂，而是坦然處之，化解了危險。經歷過這次事故，他對馴服獅子更有信心了。可見，面對挫折，只要我們能拿出勇氣，坦然面對，一切困難將在我們面前如冰雪消融，土崩瓦解，呈現在我們面前的將是一片美好的前景。

## 生氣不如爭氣

人生，有順利，必然也有挫折；有巔峰，必然也有谷底。因為順利或巔峰就滿心歡喜，因為挫折或低谷就垂頭喪氣，都是淺薄的。

古人講，人生得意時淡然，失意時坦然，因不順就悲傷，生氣，那麼你註定永遠是個弱者。人們常說「不蒸饅頭爭口氣」，而對待挫折，則是「生氣不如爭氣」。

有一個叫李有福的人，出生在一個貧困家庭。他的爺爺念過幾天私塾，給他取名有福，一是希望他是個有福之人，二是希望他將來能改變李家的狀況。

在李有福十歲左右時候，因為家裡很窮——衣服沒有一件新的，經常光腳丫，街坊鄰居家的孩子都欺負他。他們經常把稻草編成一個圈，用樹葉墊底，將泥土、鳥糞之類的東西放在裡面，然後戴到小有福的頭上，並大聲地起哄：「有福啊，你可真有福，我們都沒帽子戴，你卻戴著這麼新潮的帽子，哈哈……」小有福非常生氣，真想衝上去和他們打一架。但一想自己若和他們打架，一個人人單勢弱，必定打不贏，扭打中很可能撕壞衣裳，自己本來就窮，撕爛了衣服根本沒錢買新的。

於是，他在心裡暗暗下決心：「我不生氣，我應該爭氣。在物質上，我是不如他們，這是事實。但我可以在學習上超越他們。」

「窮人的孩子早懂事」，小有福有了這樣的心態，以後不管小夥伴們怎樣取笑他、捉弄他、欺辱他，他都能不生氣，並激勵自己發奮學習。

有時別人問他：「他們這樣對你，你怎麼不生氣啊？」

有福回答說：「生氣有什麼用啊？生氣能解決問題嗎？生氣還不如爭氣！有那生氣的時間還不如多學點知識。」

有福沒有食言，他非常爭氣，他通過自己的努力考上了重點中學，後來又考上了重點大學。上大學時，他自己勤工儉學，加上好心人的資助完成了學業，並順利地留校任教。而他小時候的那群小夥伴卻大多早早退學在家種田或外出打工，拿著微薄的收入。

的確，當我們處在逆境時，生氣不但解決不了任何問題，反而會傷神，甚至傷身。因此，當你遇到挫折時，首先要做的不是抱怨，而是要反省自己，找找自身的原因。如此，你就能把自己從生氣中解脫出來，而去爭氣。

## 堅持一下，成功就在眼前

遇到困難，很多人都會說：「堅持一下，成功就在眼前。」但事實上，只有少之又少的人真的「堅持一下」，看到了成功。而絕大多數人，則選擇了放棄，或者沒有堅持到底，失敗成為他們必然的結果。

一位剛畢業的大學生，應聘到一個海上油田鑽井隊工作。在海上工作的第一天，帶班的班長要求他在限定的時間內登上幾十米高的鑽井架，把一個包裝好的漂亮盒子送到最頂層的主管那裡。

大學生儘管不解其意，但他還是拿著盒子快步登上了高高的、狹窄的舷梯，氣喘吁吁、滿頭大汗地爬到頂層，把盒子交給主管。主管卻只在上面簽下自己的名字，就讓他送回去。他又快速跑下舷梯，把盒子交給班長，班長也同樣在上面簽下自己的名字，讓他再送給主管。他看了看班長，猶豫了許久，又轉身登上舷梯。

當他第二次爬上頂層把盒子交給主管時，已累得兩腿發顫。然而主管卻和上次一樣，在盒子上簽下自己的名字，讓他把盒子再送回去。他擦了擦臉上的汗水，轉身走向舷梯，把盒子送下來，班長簽完字，讓他再送上去。他有些憤怒了，他看看班長平靜的臉，盡力控制著自己的情緒，又拿起盒子艱難地一個台階一個台階地往上爬。

當他上到最頂層時，渾身上下都濕透了，他第三次把盒子遞給主管。主管看著他，傲慢地說：「把盒子打開。」

大學生撕開外面的包裝紙，打開盒子，裡面是兩個玻璃杯，一罐咖啡，一罐咖啡伴侶。他憤怒地抬起頭，雙眼噴著怒火，射向主管。

主管好像根本就沒看見他的表情，只是冰冷地對他說：「把咖啡沖上！」

大學生再也忍不住了，「叭」的一聲把盒子摔在地上：「我不幹了！」說完，他看看摔在地上的盒子，感到心裡痛快了許多，剛才的憤怒全都釋放了出來。

那位傲慢的主管站起身來，直視他說：「年輕人，剛才讓你做的這些，叫作承受極限訓練，因為我們在海上作業，隨時會遇到危險，這就要求隊員身上一定要有極強的承受能力，只有承受各種危險的考驗，才能完成海上作業任務。可惜，前面三次你都通過了，只差最後一點點，你沒有喝到自己沖的甜咖啡。現在，你可以走了。」這個大學生就這樣失去了自己的工作。

許多失敗者的悲劇，就在於他們已經堅持了九十九，只剩下一就滿分了，可是卻選擇了放棄，不但之前所做的努力全白費了，成功也成了永遠的遺憾。切記：堅持一下，成功就在眼前。

## 將打擊轉化為動力

身在職場，你是否遇到過不友好的上司的打擊，或者令人討厭的同事的排擠？這個時候，你會怎麼做？是尖利地還擊，還是選擇離開。其實，這兩種處理方法都不可取。選擇還擊可能將矛盾激化，而離開則讓他們達成心願，自己遭受損失。最好的處理方法是，將打擊轉化為動力——你努力工作的動力，用工作成績說話，這樣，你進步的事實會給他們很大的「打擊」。喬治的例子就是一個證明。

喬治是一名電視台記者，口齒伶俐，態度誠懇，思維敏捷，除了白天採訪新聞外，晚上還報導七點半的黃金檔新聞，事業可謂一帆風順。

然而，喬治為人直率，不小心得罪直屬上司——新聞部主管。在一次新聞部的會議上，主管出其不意地當眾宣佈：「喬治報導新聞的風格怪異，一般觀眾不易接受。為了提高收視率，我宣佈以後喬治不再在黃金檔報導新聞，改播深夜十一點新聞。」這讓所有人都愣住了，喬治更是大吃一驚。他知道自己被主管「穿小鞋」了，心裡覺得非常難過。但是，他轉念一想：

「這也許是上天的安排，目的是幫助我成長」，這樣想讓他平靜下來。喬治欣然接受新差事，並說：「謝謝主管的安排，這樣我可以利用六點下班後的時間來進修。這是我早就有的希望，只是不敢向你提起罷了。」

從此，喬治天天下班後便去夜校進修，並在十點左右趕回電視台，準備夜間新聞的報導工作。他仔細閱讀每一篇新聞稿，充分掌握新聞事件的來龍去脈，認真組織自己的報導語言。

他的工作熱情沒有因為深夜的新聞收視率較低而減退。漸漸地，收看夜間新聞的觀眾愈來愈多，好評如潮。許多觀眾給電視台寫信，責問：「為什麼喬治只播深夜新聞，而不播晚間黃金檔的新聞？」質問信一封接著一封，終於驚動了台長。台長把厚厚的信攤在新聞部主管的面前，對他說：「你這主管怎麼當的？喬治如此人才，你卻只派他播夜間十一點新聞，而不是播七點半的黃金檔？」

新聞部主管困難地解釋道：「喬治希望晚上六點下班後有進修的機會，所以不能上晚間黃金檔，只好派他在深夜的時間播。」「叫他儘快重回七點半的崗位。我要他在晚間黃金時段播報新聞。」就這樣，喬治被新聞部主管「請」回黃金時段。

不久，喬治被選為全國最受歡迎的電視節目主持人之一。有一段時間，電視界掀起了記者兼做益智節目的熱潮，喬治獲得多家廣告公司的支持，決定也開一個節目，於是便去找主管商量。懷著滿肚子怨恨的主管板著臉對喬治說：「我不准你做！因為我計畫要你做一個新聞評論性的節目。」雖然喬治知道當時評論性的節目爭議多，常常費力不討好，但他仍欣然接受說：「好極了！」

果然，喬治吃盡了苦頭，但他仍全力以赴，毫無怨言地為他的新節目拚命努力。漸漸地，節目上了軌道，有了名聲，參加者都是一些著名人物。台長看好喬治的新節目，也想多與名人政要接觸。有一天，他招來新聞部主管，對他說：「以後每一集的腳本由喬治直接拿來給我看！為了把握時間，由我來審核，有問題也好直接跟製作人商量！」

從此，喬治每週都直接與台長討論，許多新聞部的改革也參考他的意見。喬治由冷門節目的製作人，漸漸變成了熱門人物。

喬治雖然一次又一次遭受無理的打擊，但他能欣然接受，沒有自哀自怨、一蹶不振，或是氣憤之下拂袖而去。他選擇了將打擊轉化為動力，努力工作，用工作成績說話，使自己上升到一個新的台階。這是我們每個人都應該學習的。

## 眼睛不要總盯著痛處

總盯著黑點的人，自然看不到明亮的世界；總盯著缺點的人，自然感受不到優點的存在。那些終日被煩惱所困擾的人，無不是看不到外面的世界，感受不到幸福的存在。其實，好也罷，壞也罷，只要別老盯著自己的痛處，煩惱、困惑就會煙消雲散。

一位婚後不久的妻子，尚未度完蜜月，就對丈夫橫挑鼻子豎挑眼起來。在她的眼裡，丈夫身上的缺點之多，簡直達到了不可救藥、無法容忍的程度。比如，丈夫做事細緻但太過遲緩；丈夫說話不夠浪漫而太過平實；丈夫上班前竟忘記給她一個熱吻……於是，她便經常在父母面前訴說丈夫的不是。

父親聽後，什麼也沒有說，而是拿出一張白紙在上面畫了一個黑點，然後問她：「女兒，你看這是什麼?」

女兒答道：「黑點。」

「你再仔細看看。」父親又問道。

女兒仍是回答：「不錯，就是黑點呀！」

父親搖了搖頭，說：「難道除了黑點，你就沒看見還有這麼大的一張白紙嗎？」

女兒點了點頭，茫然地看著父親。顯然，她沒有完全明白父親的意思。而父親也沒有再說什麼。

回到家中，她仍然在想著白紙與黑點的事情。經過一段時間後，她終於想明白了：爸爸是在告訴自己，看人不要只盯著缺點。她用這個道理再去想自己對丈夫的看法，竟發現自己的丈夫有許許多多的優點，這時她才意識到自己是「入芝蘭之室，久而不聞其香」了。

柏楊先生曾說過：「事物都有正反兩個方面，如果在白紙與黑點面前，只注意黑點而忽略了整張白紙，那麼你的眼中就是一個黑色的世界，它逼你承受壓抑、失望和痛苦，怨天尤人、鬱鬱寡歡的心情就會替代原本屬於你的快樂和幸福。如果你注意的是整張白紙而不是黑點，那麼，你心靈的天空就必然潔白、明朗、寧靜，煩惱和痛苦也就會離你而去……」

## 人生沒有絕境

在我們周圍，有很多人之所以沒有成功，並不是因為他們缺少智慧，而是因為他們自認為已陷入絕境，面對困難失去了繼續堅持的勇氣。其實，人生沒有絕境，即使到山窮水盡，無路可走時，只要堅定信念，不妄自菲薄，從「心」出發，堅持不懈，愈挫愈勇，就一定能贏得光明的未來。

一八八三年，美國最富有創造精神的工程師約翰・羅布林雄心勃勃地準備建造一座橫跨曼哈頓和布魯克林的大橋。

這個工程在當時是非常困難的，因此眾多橋樑專家都勸說約翰・羅布林，趁早放棄這個純屬天方夜譚的計畫。不過，約翰・羅布林的兒子華盛頓・羅布林——一個很有前途的工程師，卻確信這座大橋可以建成。因此他不但支持父親的想法，還幫助父親著手實施。

父子倆克服了種種困難，在構思著建橋方案的同時，也說服了銀行家們投資該項目。出人意料的是，大橋開工僅幾個月，施工現場就發生了災難性的事故。約翰・羅布林在事故中不幸身亡，兒子華盛頓・羅布林的大腦也嚴重受傷。

許多人都以為這項工程會因此而泡湯，因為只有羅布林父子才知道如何把這座大橋建成。儘管華盛頓・羅布林喪失了活動和說話的能力，但他的思維還同以往一樣敏銳，他決心要把他們父子倆費了很多心血的大橋建成。

一天，華盛頓・羅布林腦中忽然一閃，想出一種用他唯一能動的一個手指和別人交流的方式，他用那根手指敲擊妻子的手臂，通過這種密碼方式由妻子把他的設計意圖轉達給仍在建橋的工程師們。

就這樣，整整十三年，華盛頓用一根手指指揮工程，雄偉壯觀的布魯克林大橋最終落成了。

僅憑一根手指的指揮就可以建造一座大橋，還有什麼是不可能的呢？可見，這個世界上確實沒有什麼絕境。

## 永遠比別人更努力

看到光鮮亮麗的成功者，你有什麼感受？是否也想獲得成功？那怎麼才能做到呢？看看連續三屆奪得「推銷之王」的諾曼的回答，相信你會找到答案的。

一次，美國《聯合早報》的記者問諾曼，「你成功的秘訣是什麼？」

「比別人更努力！」

「其次呢？」

「比別人更努力！」

「最後呢？」

「比別人更努力！」

努力是成功的捷徑之一，而且是成功必須付出的代價。正如《真心英雄》的歌詞所寫的那樣：「把握生命裡的每一分鐘，全力以赴我們心中的夢，不經歷風雨怎麼見彩虹，沒有人能隨隨便便成功。」

一次，洪水淹沒了美國阿肯色州的密西西比河大堤，一個九歲的黑人小男孩的家被沖毀，在洪水即將吞噬他的一剎那，母親用力把他拉上了河堤。

後來，男孩小學畢業了，但是，阿肯色州的中學不招收黑人，如果他想繼續上學，就只能到芝加哥讀中學，可是家裡又沒有那麼多錢。這時，男孩的母親做出了一個驚人的決定——讓兒子復讀一年。而她則整天為五十名工人洗衣、熨衣和做飯，努力為兒子攢錢上學。

一九三三年夏天，家裡湊足了那筆血汗錢。母親帶著兒子踏上火車，奔向陌生的芝加哥。在芝加哥，母親靠當傭人謀生。男孩以優異的成績中學畢業，後來又順利地讀完大學。

一九四二年，他開始創辦一份雜誌，但最後一道障礙，是缺少五百美元的郵費，不能給訂戶發函。一家信貸公司願借貸，但有個條件，得有一筆財產作抵押。母親曾分期付款好長時間買了一批新傢俱，這是她一生最心愛的東西，但她最後還是同意將傢俱作了抵押。

一九四三年，那份雜誌獲得巨大成功。男孩終於能做自己夢想多年的事了：他將母親列入他的員工花名冊，並告訴她算是退休工人，再不用工作了。後來，由於一次失誤，男孩的事業跌入低谷，面對巨大的困難和障礙，男孩絕望了，他感覺到自己已徹底失去了信心。男孩心情憂鬱地告訴母親：

「媽媽，看來這次我真要失敗了。」

「兒子，你努力試過了嗎？」媽媽問。

「試過。」

「非常努力嗎？」

「是的。」

「很好。」母親果斷地結束了談話，「無論何時，只要你努力嘗試，就不會失敗。」

果然，幾經努力後，男孩渡過了難關，終於攀上了事業的巔峰。這個男孩，就是聞名世界的美國《黑人文摘》雜誌創始人、約翰森出版公司總裁、擁有三家無線電台的約翰・H・約翰森。

生活中，很多人羨慕那些成功人士，羨慕他們擁有的財富，羨慕他們獲得的鮮花和掌聲，羨慕他們的幸福生活……很想成為他們那樣成功的人。可是，你有沒有看到他們為成功付出的努力？他們在挫折和失敗面前是怎樣做的？

你有沒有問一問自己：我努力了嗎？

# 比別人多想一步，你就是贏家

作者：楊暉
發行人：陳曉林
出版所：風雲時代出版股份有限公司
地址：10576台北市民生東路五段178號7樓之3
電話：(02) 2756-0949
傳真：(02) 2765-3799
執行主編：劉宇青
美術設計：許惠芳
行銷企劃：林安莉
業務總監：張瑋鳳

初版日期：2018年12月
版權授權：呂長青
ISBN ：978-986-352-659-9
風雲書網：http://www.eastbooks.com.tw
官方部落格：http://eastbooks.pixnet.net/blog
Facebook：http://www.facebook.com/h7560949
E-mail：h7560949@ms15.hinet.net
劃撥帳號：12043291
戶名：風雲時代出版股份有限公司

風雲發行所：33373桃園市龜山區公西村2鄰復興街304巷96號
電話：(03) 318-1378
傳真：(03) 318-1378
法律顧問：永然法律事務所 李永然律師
北辰著作權事務所 蕭雄淋律師

行政院新聞局局版台業字第3595號 營利事業統一編號22759935


**定價：280元**


國家圖書館出版品預行編目資料

比別人多想一步，你就是贏家 ／ 楊暉 著. -- 初版. -- 臺北市：風雲時代，2018.11- 面；公分

ISBN 978-986-352-659-9（平裝）

1.自我實現 2.成功法

177.2　　107017062